臨床心理学
臨時増刊号

公認心理師

JAPANESE JOURNAL OF CLINICAL PSYCHOLOGY
extra edition
CERTIFIED PUBLIC PSYCHOLOGIST

一般財団法人日本心理研修センター=編

Ψ 金剛出版

『臨床心理学』臨時増刊号　公認心理師
CONTENTS

1 — 序
はじめに .... 村瀬嘉代子　2

2 — 公認心理師への期待
公認心理師への期待 .... 河村建夫　6
公認心理師への期待 .... 鴨下一郎　8
公認心理師への期待 .... 加藤勝信　10
公認心理師への期待 .... 山下貴司　12
公認心理師への期待 .... 古屋範子　14
公認心理師への期待 .... 笠 浩史　16

3 — 公認心理師とさまざまな連携の課題
市民は心理専門職を必要としている .... 泉 房穂　20

医療・保健領域
公認心理師と医療との連携について .... 横倉義武　23
医療チームにおける連携 .... 坂本すが　25
チーム医療推進協議会における連携 .... 半田一登　27
公認心理師の誕生に寄せて .... 本條義和　29

福祉領域
社会福祉の現状と福祉領域における連携 .... 笹尾 勝　31

教育・学校領域
「チーム学校」における連携　スクールカウンセラーの役割と課題
　　　　　　　　　　　　　　　　　　　　　　　　　　　　　　　石隈利紀　33
スクールカウンセリングにおける連携 .... 野島一彦　36
発達障害児・者への支援における連携 .... 市川宏伸　38

司法・矯正領域
司法・矯正における連携 ……………………………… 廣瀬健二 40

産業・組織領域
産業・組織における連携 ……………………………… 櫻田謙悟 42

4 ── 公認心理師と各職域の課題

医療・保健領域
医療・保健領域と心理職 ……………………………… 佐藤忠彦 46
精神科医療 …………………………………………… 林 道彦 54
地域精神医療における心理職の役割 ………………… 深谷篤史 57
総合病院 ……………………………………………… 中嶋義文 60
精神保健福祉センターと保健所 ……………… 邑口紀子・徳丸 享 64

福祉領域
福祉領域における心理専門職への期待 ……………… 日詰正文 67
児童福祉・社会的養護 ………………………………… 加賀美尤祥 70
高齢者福祉 …………………………………………… 加藤伸司 74
障害者福祉 …………………………………………… 大塚 晃 77

教育・学校領域
スクールカウンセリングと心理職 ……………………… 坪田知広 80
特別支援教育と心理職 ………………………………… 上野一彦 83

司法・矯正領域
矯正領域と心理職 ……………………………………… 渡邉 悟 86
家事紛争と両親の離婚における子ども支援 …………… 相原佳子 89
被害者支援 …………………………………………… 鶴田信子 93

産業・組織領域
企業における心理支援 ……………………… 割澤靖子・安藤美和子 97
組織における心理支援（自衛隊） ……………………… 藤原俊通 100

5 ── 公認心理師に求められる知識・技能

名称独占資格としての公認心理師の役割とその周辺
　　　　　　　　　　　　　　　　　　　　　　　　　　　奥村茉莉子　104

職業倫理　　　　　　　　　　　　　　　　　　　　　　　伊藤直文　107

トータルなアセスメントとケースマネジメント　　　　　　岩壁 茂　112

変わりゆく家族への支援　　　　　　　　　　　　　　　　大熊保彦　117

心理的援助の展開　アウトリーチ　　　　　　　　　　　　松尾秀樹　121

さまざまな領域における多職種協働＝チームワーク　　　　津川律子　126

心理面接の要諦　　　　　　　　　　　　　　　　　　　　村瀬嘉代子　130

臨床研究　　　　　　　　　　　　　　　　　　　　　　　下山晴彦　135

6 ── 心理支援の軸としての心理学の展望

心理学の展望　公認心理師についての日本心理学会の取り組み
　　　　　　　　　　　　長谷川寿一・利島 保・丹野義彦・鈴木伸一　142

発達の観点から心理支援を展望する　　　　　　　　　　　子安増生　146

生活の視点から心理支援を考える　　　村瀬嘉代子・古谷(積)みどり　149

7 ── 後記

おわりに　　　　　　　　　　　　　　　　　　　　　　　鶴 光代　154

一般財団法人日本心理研修センターの紹介　　　　　　　　　　　　157

1
序

はじめに

　はじめに，心理職の国家資格化を定める「公認心理師法」成立の経緯において，まことに大勢の，またさまざまなお立場の皆様の並々ならぬ励ましとお力添えをいただいて参りましたことに，こころより厚く御礼を申し上げます。

　4半世紀以前，まず医療領域での国家資格化が考えられ，その後平成17（2005）年に議員立法による検討が「臨床心理士及び医療心理師」という二資格一法案の形にまとめられてからすでに11年が過ぎ，この間世の中の状況も大きく変化いたしました。

　そしてわが国の心理学領域においては，これまで基礎系と応用系が協力することは少なく，このことも国家資格をまとめるためには課題の一つとされておりましたが，わが国の心理学の一層の発展を目指す，そして真に社会のニーズに応えられる心理学を一致協力して構築し，心理職の国家資格化を実現させ，さらに資質向上を目指す研究・研修活動の展開を目的として，基礎系心理学ワールドと応用臨床系心理学ワールドが協力して日本心理研修センターを2014年4月1日に立ち上げました。文部科学省，厚生労働省などの関係官庁をはじめ，実に多くのまた広い領域にわたる団体や関係者の方々のお力添えをいただき，目的に添って活動を展開して参っております。そして，本年4月12日に，日本心理研修センターは公認心理師の試験機関の指定を受けました。

　ところで，心理的問題への取り組みは医療においても欠かせないことから，医療職の皆様のご意見と整合する資格となる必要がありました。そうした多くの考え方を取りまとめる形で作られた公認心理師法は，国会成立の段階では大枠が定められたというもので，今後省令によって具体的な課題が定められるという次第になっております。

　さて，本誌にはこれまで大きなご尽力をいただいた国会議員，関連諸団体の皆様，また各領域の識者の皆々様，そして心理職関係の方々に公認心理師が生まれるにあたってのそれぞれのお考えを披歴して下さるようお願いさせていただきました。多くの実務にある心理職にとって，特に若い方々には，公認心理師の資格を取得して仕事にあたるときに，これからの社会の中でどのような役割を期待されているのかという全体像を改めて考えることは大切なことと思います。本誌でも実業の世界から櫻田謙悟様（櫻田，2016）は，今の世界が変動し続け，不確実，複雑であいまい

大正大学大学院／日本臨床心理士会
村瀬嘉代子
Kayoko Murase

という新しい環境にあると指摘なさっています。公認心理師はどこでも働ける領域汎用の資格ですが，仕事の独占部分を持たない名称独占資格ですので，その業務は一つひとつがどんな時にどんな所で，どのような役割において行われるかを的確に認識して取り組むことがますます必要になると思われます。これまでの心理職の養成段階では，実習などはありますが，どちらかというと学問的に定番となっている知識，理論，技術などを素養として学ぶという傾向であったと言えるかもしれません。しかし心理的支援を専門性をもって行うに際しては，常に臨機応変に，対象の微妙な表現の全てをその精神所産として受け止め統合しつつ理解し捉える，そして全体状況を捉えると同時に着手すべきところへいかにかかわるかを的確に見立てるという態度が望まれます。支援の営みには協調性，チームワーク，機動性，そして自らの行為を公共性をもって説明しうる力，必要に応じての新たな技術の開発，研究の展開が必要です。心理職者自身も変化への耐性をもち，建設的にあいまいさを生き抜く柔軟な強さをもたねばなりません。国家資格が創設され，心理臨床の世界はさまざまに過渡期にある現在，我々自身がこの状況をどう引き受けていくかが問われています。

　公認心理師法に書かれた「連携」という課題についても，多くの執筆者の皆様が相談者の回復のためのその必要性に触れていらっしゃいます。連携とは一口に言える営みではなく，臨機応変に，時を逃さず事実を的確に捉え，対応の方法を確かなものにすること，そして自分の責任の負えること，責任を負うべきこと，自分の負える責任の範囲を超える事柄についての判断，これらを正確に行えることが基底要件となるでしょう。社会のニーズに応えるべく，私達はさらに研鑽に努めていきたいと思います。

▶文献

櫻田謙悟（2016）産業・組織における連携．In：一般財団法人日本心理研修センター 編：臨床心理学臨時増刊号（特集：公認心理師）．金剛出版．

注目の新刊

必携 発達障害支援ハンドブック

下山晴彦　村瀬嘉代子　森岡正芳［編著］

B5判｜並製｜536頁｜定価［本体6,200円+税］

多様化する当事者ニーズに応えるための包括的発達障害ガイド

発達障害者支援法施行，改正障害者雇用促進法施行，学校教育法改正，障害者権利条約批准，障害者総合支援法施行など，発達障害者を含む障害者を巡る状況は日々変わり，障害者差別の禁止と合理的配慮の義務化，そして障害者が不利なく社会活動にコミットできる「イコールアクセス」は，対人援助職が担う社会的責任，目指すべき共通課題となりつつある。
　発達障害支援の現状と課題，発達障害当事者・保護者の視点，制度設計を巡る行政的視点，生活を整える福祉的視点，学校・コミュニティとの連携，発達障害研究，そして習得しておくべき支援スキルまで，変わりゆく現状に即応するためには欠かせない発達障害支援のエッセンスを提供する。豪華執筆陣の英知と経験を集約して，広範なテーマを網羅しながら，本当に役に立つ支援を構想する。多様化する当事者ニーズに応えるための包括的発達障害ガイド。

株式会社 金剛出版

東京都文京区水道1-5-16　Eメール eigyo@kongoshuppan.co.jp　電話 03-3815-6661　FAX 03-3818-6848

2
公認心理師への期待

公認心理師への期待

河村建夫
Takeo Kawamura

衆議院議員／心理職の国家資格化を推進する議員連盟 会長

　平成27（2015）年9月9日，公認心理師法が成立しました。平成2（1990）年に厚生労働省内で検討会が設置されて以来25年，議員懇談会を設立してから11年かかっての法制化となりました。「心理職の国家資格化を推進する議員連盟」会長として，心理職関係者の皆さんのこれまでのご尽力に改めて感謝を申し上げます。私としましても，国政参画25年を記念する年に長年の懸案であったこの法律を筆頭提出者として提出・成立させることができたことは，政治家冥利につき感慨一入であります。

　思えば平成17（2005）年4月19日に「臨床心理職の国家資格化を通じ国民の心のケアの充実を目指す議員懇談会」を，中山太郎先生を会長とし，私が幹事長，現外務大臣の岸田文雄先生が事務局長という体制で設立してから11年が経ました。その時は臨床心理士と医療心理師の二つを同時に国家資格とするという「二資格一法案」での法案骨子の作成を進めましたが，医療心理師関係者の皆様の一部から慎重な対応を求める意見が上がり，とりまとめを一度は断念致しました。しかし，平成23（2011）年に入って再度，心理的支援の充実を求める声が国民の間で高まり，医療関係者，臨床心理関係者，心理学関係者といったさまざまな学会のみなさんが何年もかけて意見をとりまとめられ，再度議員立法として国家資格化を進めようという機運が盛り上がったわけです。

　そうしたなか，平成24（2012）年6月に鴨下一郎先生や岸田文雄先生，加藤勝信先生らと相談し，私が会長を務めるという形で改めて，自由民主党「心理職の国家資格化を推進する議員連盟」を立ち上げました。国民が求めているこころの支援をもっと広く，より安心して受けられるようにするには，心理職の国家資格化を実現する必要があるという考えの下，当時の自民党の選挙公約等にもその重要性を書き込みました。平成26（2014）年からは山下貴司先生を事務局長に迎え，各界関係者との意見交換を進めながら法案作成を行いました。各党との調整を進め，平成26（2014）年に一度は法案提出までこぎつけましたが，衆議院解散・総選挙のために廃案になるなど，心理職の関係者の皆さんにはずいぶんご心配をおかけしましたが，翌平成27（2015）年9月9日に参議院本会議にて全会一致で可決され，無事成立しました。

　昨今では特に東日本大震災以降，人々のこころの支援の重要性が増しています。自殺者は依然多く，また特に若者の自殺が減らないことについても心を痛めております。子どもの問題でも，虐待やいじめの急増は早急に対策を講じなければならない課題です。

　我が国ではさまざまな経緯から心理職の国家資格化に時間がかかりましたが，公認心理師の皆様に責任を持って専門的なこころの支援をしていただくためには，成立した法律を実行段階に移し，実際にきちんとした運用を進めていくことが重要です。資格は作れば終わりというものではなく，

社会の必要性に対応できる生涯の研修体制も準備する必要があります。すでに活躍している方々がどのように新たな体制に移行できるかといった問題や，仕事の質をどのように高められるかなどが，この国家資格を具体的に整備・実施する時の課題となると考えます。

　豊かな国には豊かなこころが必要です。そのために，心理職の皆さんの役割はますます重要になってゆくと思います。わが国にも公認心理師の国家資格が，それも大学院レベルの研鑽を積んだ方々の国家資格ができました。こころの健康の重要性が叫ばれる現代，我々が成立させた法に，これから関係者の皆様に魂を入れていただき，今後の課題に取り組むことで国民の期待に応えていっていただきたいと思います。私も国会議員として，国民の心のケアを充実するために引き続き粉骨砕身して参ります。

公認心理師への期待

鴨下一郎　衆議院議員／心理職の国家資格化を推進する議員連盟　会長代行
Ichiro Kamoshita

　心理職の国家資格化はこれまで多くの国会議員や省庁の方々，そして当事者としての心理職の方々が深く関心をもって何度も何度もトライしてきた課題でした。今回公認心理師という形でやっと国家資格化が実現しました。これまで長年取り組んできた私としても，その紆余曲折を実感する者として感慨深いものがあります。時には中途で，もう一回は寸前で，なかなか乗り越え切れないできた壁を今回は越えることができました。多くの関係者が見守り，時には激論し，また妥協し，忍耐もし，このような結果につながったことを大変うれしく思っています。

　国家資格化については積極的にその必要性を考えて進めてきた方々がたくさんおられる一方，政治的にはいろいろ抵抗もあり，また理解を求めるための努力も並大抵ではありませんでした。そういうことを乗り越えるべく，私もその一端を担わせてもらったことの経緯を思い起こします。

　さて，私は国会議員になるまで20年弱，心療内科医をしていたので心理職の先生方とも仕事をし患者さんを診ていました。医師だけではなくそういう先生も必要という問題意識ももっているつもりで，この機運を高めて国家資格につなぐことは重要な社会的歴史的時代の要請と確信していました。

　社会のいろいろの病理，犯罪，DV，健康，雇用すべてに心理的かかわりをきちんとする必要が増えています。しかし実際には，看板を標榜しながら社会正義に反することをする人もいるので，真面目に善良にしている人がクライエントに触れるようにしないといけないと考えます。養護施設に行くと，小さい子どもがわけもわからず触ってきたり，ズボンに手を入れたりしてくることがあります。背景にどういうことがあるのか，学校でも突然殴ったりする問題行動があるという，そうなるにはそれなりのバックグラウンドがある子どもたちで，きちんと見なければなりません。単に医療だけというのでなく，問題は大きな広がりを見せています。

　国民の皆さんが国家資格をもった人に安心して相談できる日を一日も早く来ることを待ち望んでいます。心理職の皆さんも社会性，政治的な動きにも目覚めていただいて，国民の安心できる相談相手になっていただきたいのです。私にとっては10年がかりの念願であって，寝ても覚めても頭を離れなかった課題が一歩先に進んだ今回の国家資格化です。10年前から見ると議連の各先生方も政治家として重要な立場を担う方々となっています。そのパワーが今回の資格成立には大きな力になったと思います。皆さんも，政治と自分たちは関係ないと思わず，法律を通すことはいかに大変かを考えていただきたいと思います。そして皆さんの活動は心理職の社会的役割と機能をきちんと作ることになる，それが国家資格が実現した現在，これからの課題なのだろうと思うわけです。わたしも努力しますので，みなさんも一層の努力をしていただきたい。国家資格の成立はめでたいことで

すが，しかし法はできましたが具体的な内容の運びについての政省令はまだ固まっていません。これからさらに大きな課題を乗り越えねばなりません。公認心理師がどんな勉強をした人たちになるのか，相談を必要とする国民のみなさんが，これなら大丈夫と思えるような養成や研修を実現すべくがんばっていただきたいと願っています。

公認心理師への期待

加藤勝信　　衆議院議員／心理職の国家資格化を推進する議員連盟 幹事長
Katsunobu Kato

　公認心理師法の成立をみまして，関係者の皆様のこれまでの長きにわたるご尽力を思いつつ，お祝いを申し上げます。私は「心理職の国家資格化を推進する議員連盟」の幹事長を仰せつかって取り組みましたが，これは是非必要な資格であるし，特に政治的に異論のある問題でもないと考えておりました。しかし，いざ取り組んでみますと，なかなかな大変さがありました。この問題には長い歴史があるなかで，医療系，教育系などいろいろな立場の関係者の方々があきらめない気持を継続されてきたことに敬意を表します。一般にはこの大変さをご理解いただくことは難しいかもしれませんが，関係者の皆様には感慨深いことであろうと思います。

　遡ると国家資格化の議論は戦後すぐからあり，途中でまず民間資格化からということで臨床心理士の認定協会ができ，昭和63（1988）年12月に第一号の臨床心理士の方が誕生し，今では3万人近い方がこの資格をもち，活躍をいただいてきたわけです。また他にもさまざまな民間資格者も活躍されている状況があり，それらが多岐にわたりすぎてわかりにくくなっている状況もあるようです。そういったなかで，平成17（2005）年に臨床心理士と医療心理師の2つを国家資格化しようということになり，とりあえず二資格一法案というコンセンサスができながら，法案の形にすることができず頓挫ということになりました。平成23（2011）年にいわゆる3団体のご要望書が出て，私はそのころからこの流れにご一緒することになりました。議員連盟の設立にもこれまで教育系でやってこられた河村先生を会長に，医療系の鴨下先生を会長代行にという形の二枚看板で，不詳私が幹事長をつとめさせていただき，皆さんからご意見を聞きながら進めてきました。党内手続きを経て，各政党の理解をかなり得たのですが全ての政党の理解には至りませんでした。それでも党内の議論が十分できなかったので反対ではないということでした。その後も党の再編などを経ながら議論もさまざまにありました。

　国家資格化の背景には少子高齢化を始めとして，複雑化した日本の社会で，国民の心の問題，発達や健康上の問題などが指摘され，大きな社会問題になっていることがあります。これらを解決するには医療という場もあるけれども心理職の力に期待をしているところです。いじめの社会問題化，DV，児童虐待などにはいろんな法律を作って手立てを講じているもののなかなか減少できません。心の傷を負った子どもがたくさんおり，発達障害，依存症，摂食障害への対応も必要であります。チーム医療のなかでも皆さん方の専門性を発揮していただきたいと考えています。東日本大震災でも，被災者の心理的支援，被災地での学校支援，医療チームとの協働など，心理職の皆さんの活動の重要性は広く認識されています。さらに司法や矯正，実際の産業や企業の分野でも相当幅広い活躍をいただいているわけです。安心して心

理についての支援を受けたいという国民の需要には相当な高まりがあります。

　この法律は資格を定めてその業務の適正を図り，もって国民のこころの健康の増進に寄与していただくということで作られました。法の中身では，公認心理師といういわゆる名称独占資格であります。名称には使用制限を設け，国民側の信頼の保護や，いろんな被害を未然に防止してゆくということです。「心理師」という言葉をつかった資格はほとんどないので，一般に「士」を使った民間資格との混乱がおこることを避けるために「公認心理師」となりました。名称の使用制限はあっても業務独占ではないということです。これからの議論だと思いますが，今回の資格はかなり専門性の高いものを要求しているわけです。それも一種のプラットホームであり，その上に教育なら教育，医療なら医療で更に専門性の高い民間資格を乗せていっていただく，医師の場合は専門医というのがありますが，国家資格の上にそのような資格を乗せていっていただくとよりよく進んでいくのではないかと思います。

　法律のなかでいわゆる診療補助行為は行わないということになっています。公認心理師の業務は直接身体に危険を及ぼすものではないので，これは診療補助行為ではないと位置付けています。独自の専門性の立場から対応して，医師の指示と違ったからといってただちに問題になるものではありません。しかし支援が合理的にしっかりしているのか，ということは当然専門職の義務として問われてゆくかと思います。これからガイドラインで詰めてゆく必要があります。経緯は大変でしたが今後は是非国民が安心して相談支援を受けられるよう，国民目線で養成内容，研修内容を整えてゆくことが課題であろうと考えています。

公認心理師への期待

山下貴司
Takashi Yamashita

衆議院議員／心理職の国家資格化を推進する議員連盟 事務局長

　早いもので，公認心理師法が平成27（2015）年9月に成立してから一年が過ぎました。

　この法律は，心理専門職分野初の国家資格を定めるものですが，この資格は，これまでの心理専門職の業務や名称の継続性に配慮しつつ，さらに国家資格をつくることを目指し，自民党で設立された心理職の国家資格化を推進する議員連盟（河村建夫会長・鴨下一郎会長代行・加藤勝信幹事長）を中心に原案を作成し，超党派で合意を得て全会一致で成立したものです。

　私は，以前，検事として犯罪者や被害者の心のケアに携わっていたこともあり，議員としても，この分野に真正面から取り組みたいと思っていたところ，河村先生，鴨下先生，加藤先生からお声がかりがあって議連に入り，議連事務局長として立法化に取り組ませていただきました。法案成立直前は，平和安全法制を巡って与野党全面対決という空気の中で党派を超えて説明・説得に走り回り，最終的に全会一致で成立したときには，国会がこの問題に一致して一つの意志を示せたことに胸が熱くなったものでした。

　もちろん法律というのは，国会議員だけでできるものではありません。公認心理師法が成立した一番大きな原動力は，医師，臨床心理士などの心理専門職や研究者等関係者の熱意でした。その出発点は，平成23（2011）年10月，臨床心理職国家資格推進連絡協議会，医療心理師国家資格制度推進協議会，日本心理学諸学会連合の三団体要望書として書かれた「心理職者に国家資格を」を作成されて心理専門職の先生方が陳情活動をされたことです。そして成立に向けても関係団体の先生方が，真っ二つに割れた国会の中で議員を一人ずつ回ってくださいました。ご承知のとおり国会議員というのは世の中で最も手ごわい相手です。そん

三団体パンフレット原稿

公認心理師法案提出

公認心理師法案の趣旨説明

日本心理臨床学会で本法を解説

な議員たちにいろいろ厳しいことを言われながらも，この国家資格について熱心に回ってくださった心理専門職の先生方がおられ，理解がどんどん広がっていって，全会一致で成立に至ったのです。その意味では，公認心理師法は，関係者の皆様の思いの詰まったこの要望書を私たち議員が所要の法的・技術的修正を加えてカタチにさせていただいたものといっていいと思います。

いうまでもなく，この「公認心理師」資格は，臨床心理士をはじめ心理専門職の方々がこれまで積み上げてこられた実績を尊重し，その実績と信頼に基づいて国家資格を創ろうとしたもので，先生方が今お持ちの臨床心理士等の資格はそのままに，公認心理師という国家資格を加えるものです。

このような国家資格が加わることによって，医療や学校教育の現場におけるさまざまな制度に心理専門職の必要性を反映させることができるでしょうし，そのことにより，心理学を学ぶ学生にも，一つの目標を示すこともできるでしょう。

本法は平成29（2017）年9月までに施行することになっており，すでに（一財）日本心理研修センターが指定試験機関に指定され，受験資格取得のためのカリキュラム等の検討会も立ち上がりつつあるなど，施行に向けた準備が進められています。公認心理師試験の実施は施行の翌年にずれ込むかもしれませんが，いずれにせよ，近い将来，この資格を持つ方が増えていくでしょう。

現在，みずから命を絶つ者が年間約2万5千人も存在しています。医療・保健の分野のみならず，職場や学校教育の現場においても，勤務上の鬱状態等に悩む方々や発達障害児をはじめとする児童・生徒に対する適切なカウンセリングが必要とされ，司法・矯正の分野でも被害者や犯罪者に対し，あるいは，東日本大震災・熊本地震などの被災者などに対し，心のケアの重要性が叫ばれています。これから社会はますます複雑化していきます。心理の専門家である先生方がもっともっと必要になるでしょう。

心理専門職の先生方のこれまでの実績と信頼を踏まえた公認心理師法の成立が，心の問題に取り組む専門家を多数輩出する一助となり，国民の健康福祉に資することとなるよう心から期待しています。

公認心理師法・全会一致で成立

公認心理師への期待

古屋範子
Noriko Furuya　　衆議院議員／公明党 副代表

　昨年9月9日，待望の国家資格を創設する法律，「公認心理師法」の成立をみることができました。心理職として初の国家資格の誕生です。

　同法を成立に導いたのは，さまざまな多くの関係者・関連団体の方々のご理解と，並々ならぬご尽力の結果であり，これまでの長い間の粘り強いご努力に心から敬意を表します。そして，成立を後押ししてきた議員の一人として，これ以上の喜びはありません。

　2005年，私は，新人議員の時に先輩議員の指示で，「心理職の国家資格化」実現のための立法化に携わることとなりました。そこで，自民党の鴨下一郎代議士との出会いがありました。結果的にこの議員立法は成就しませんでしたが，このことが，心理師の国会資格化に携わるきっかけとなりました。

　近年，うつ病をはじめとする「こころの病気」が急増しています。うつ病など心の病を抱える人は111万人を超え，自殺原因のひとつとされるなど深刻な社会問題になっています。心理職は，医療現場で，認知行動療法の普及に向けた「チーム医療」の柱のひとつとして，重要性が増しています。

　現在，国内には，臨床心理士や認定心理士などをはじめとして，心理職に関係する民間の資格は数多くあります。専門職として豊富な知識が要求される資格から，簡単に取得できる資格まで難易度に差があり，"玉石混交"のため，「どの資格者に依頼すべきか分からない」などの声が上がっている現状があります。国家資格をもった「公認心理師」が誕生することで，医師や看護師らと同様に法的な専門職として認められることになります。心理職の社会的評価の確立や待遇向上が進み，専門的知識や技術を持った質の高い人材の確保につながることが期待されています。

　8年前，地元，神奈川の一人の女性から「うつ病で悩んでいる人が多い。心のケア，心の健康増進に取り組んでほしい」との要望をいただきました。その声を受けて，私は公明党の中に「うつ対策」のワーキングチームを立ち上げました。専門医，関係団体，経済界，労働界などから精力的にヒアリングを行い，医療現場等の視察を重ね，総合的なうつ対策の提言を策定しました。すべてのうつ患者が安心して治療を受け，社会復帰できる体制整備をめざしていこうと，この提言を厚生労働大臣に提出しました。

　うつ対策の提言の中では，予防，医療体制の充実，相談体制や職場復帰の体制強化など，縦割りである諸施策を全体的につなげていくことを求めています。当時，慶應義塾大学教授であった大野裕先生より，認知行動療法の有効性を教えていただき，その普及に取り組み始めました。その後，私たちが主張して，国立精神・神経医療研究センターに認知行動療法センターが創設され，2010年，同療法が保険適用となりました。私はうつ対策に取り組む中で，チーム医療の重要性を痛感し，国会で何度も心理職の国家資格化を訴えてきました。

そして，もう一度，医療心理師と臨床心理士の2資格を法案にする機運が高まったものの，これも頓挫してしまいました。

私にとって，この度の「公認心理師法」は3度目の法案提出への挑戦の機会となりました。一部の人たちの反対意見が降り注ぐ中で，党内手続きを進めることが非常に難しく，山下貴司衆議院議員をはじめ，関係者の皆様が，医師との関係の条項の修正をギリギリまで行って下さった結果，党内手続き，そして，与党手続きを行うことができました。その後もさらに，紆余曲折を経て，やっと成立に至りました。

現在，国家試験の実施へ向け検討を続けており，2016年度内に，関係者のご意見を聞きながら，より良い制度設計をめざしています。

3・11東日本大震災から5年が経過しました。また，4月には熊本で地震がありました。いずれも，専門家が現地で被災者の心のケアに当たって下さいました。私も，被災地に足を運ぶ中，国家資格をもった心理専門職の方々の活躍が待ち望まれていることを実感しました。「心の復興」「人間の復興」ということを考えると，公認心理師の役割は今後も大変大きなものがあると言えます。

心理職が活動する舞台は広がっています。これまで，スクールカウンセラーの配置に取り組んできましたが，公認心理師法の成立により，いじめや不登校問題を抱える学校現場では，臨床心理士らがスクールカウンセラーとして活躍できる基盤が整っていくことを期待します。また，ネットの普及により，時代とともに子どもを取り巻く環境も大きく変化する中，より手厚い支援体制が必要になっていると感じます。

人材の育成，確保に関しても，実際に心理学を学ぶ学生等からの要望をいただいていましたが，「国家資格」ということが大きな希望となると思います。今後，国家資格の仕組みが軌道に乗るまでにはかなりの時間がかかると思われますが，現場で活躍している方々もさらに活躍できるよう，処遇の改善等についても，努力をしていかなければならないと決意しています。

「公認心理師法」の成立という，歴史的な一歩を踏み出すことができた今，いわば同志である成立に関わってこられた関係者の皆様と力を合わせて，本格的なスタートへ万全を期していくことを心に誓っています。

公認心理師への期待

笠 浩史　衆議院議員／元文部科学副大臣
Hirofumi Ryu

　公認心理師法が2015年9月に成立しました。長い歴史と多くの方々のご尽力があり，この日を迎えることができましたことは，衆議院の文部科学委員会のメンバーとして長年携わってきた私にとりましても，大きな喜びであります。

　わが国において心理職の質の担保のための資格法制化の最初の公式活動は，日本応用心理学会がカウンセラー設置に関する建議案を衆・参両院に1951～1953年にかけて提出し，いずれも採択されたことにあるとされています。1963年には，第1回の心理技術者資格認定機関設立準備協議会が，日本心理学会，日本教育心理学会，日本応用心理学会をはじめ17団体が参加し発足しました。紆余曲折を経て，1982年の日本心理臨床学会の設立となりました。その後，1989年に日本臨床心理士会設立，ちなみに臨床心理士はこれまでに約3万人が認定され，病院や福祉施設，学校，企業などで働き，国民の心の健康に貢献し，活躍されています。

　公認心理師法の特に重要な点は，第1条（目的）において，「この法律は，公認心理師の資格を定めて，その業務の適正を図り，もって国民の心の健康の保持増進に寄与することを目的とする」と記載されている点で，つまり「国民の心の健康の保持増進」に貢献する心理の専門職の資格を担保することがこの法律の目的であります。

　このたび法律は制定・公布されましたが，施行されるのは2年以内の予定です。今後，政省令が定められ，具体的に進められていくことになりますが，課題もあります。公認心理師養成に対応する大学・大学院がどの程度出てくるかです。現在，民間資格である臨床心理士の養成は大学院のみで行われています。（全国で167校）最近は，18歳人口の減少に伴い，大学・大学院は学生の確保に苦慮しており，公認心理師の社会的な貢献度を考慮した場合に，公認心理師養成は学生確保のために有利に働くと考えられます。

　心のケアに取り組む専門職は現状，臨床心理士や認定心理士，認定カウンセラーなど20以上に及びます。自殺やいじめが増え，災害も相次ぎ，心に寄り添うカウンセリングのニーズは高まり，心理職初の国家資格である「公認心理師」への期待は大きなものがあります。公認心理師は学校や企業，医療機関など支援を必要とする人がいる幅広い領域で仕事を担うことになります。薬の処方など医療行為は行わず，カウンセリングなどを通じてストレスに上手に対応できる心の状態をつくる「認知行動療法」などによって，心の問題に取り組んでいきます。うつ病や自殺の増加でこうした療法が注目を集めています。学校においては，児童・生徒の「心の傷」に対処するスクールカウンセラーの配置が進んでいくことでしょう。今までは，こうした役割を中心的に果たしてきた臨床心理士の方々も，常勤で働く人は有資格者の5割未満にとどまっている現状をみると，公認心理師の国家資格化によって待遇の改善も期待され，そのことで心理療法の専門家の質の保証が図られるこ

とも重要なことです。

公認心理師法の条項において、専門家が指摘する問題点としては「医師の指示」条項です。これは、支援を必要とする者に当該支援にかかる主治医がいる場合は、その医療機関に属さない公認心理師であっても、主治医の指示を受けなければならないというものです。

主治医との連携は大切ですが、医療機関外の心理相談室での対応にまで常に主治医の「指示」を求めることは現実的ではありません。相談者が主治医に気兼ねして相談を控える恐れもあります。逆に、スクールカウンセリングに対して医師の指示が必要と言うことになると、医師が責任を負うこととなり、これもまた現実的とは思えません。

今日のように、医療の場が病院と診療所から地域へと広まった現在、相談者や家族の悩みがさまざまな科の主治医に相談されることが想定され、そこから公認心理師へ指示が出ることも当然考えられます。ドイツでは、家庭医の約6割が一般的な精神療法に習熟し、その延長線上で心理療法士に専門的な精神療法の指示を出しているとのことですが、日本では、全科の医師が公認心理師に指示を出すシステムであります。法施工後に、さまざまな現場での声をヒアリングするとともに、精神科と他診療科の連携に公認心理師が参加すれば他科での認知度が高まるでしょうし、期待に応えるものになります。

最後に学校教育における心理教育的援助サービスについて触れさせていただきます。

今までも、不登校やいじめなどの問題を教職員とスクールカウンセラー、保護者の方々が連携して、子どもたちの援助をしてきていただいておりますことに敬意を表します。これからは、心理学的援助サービスの「一定の資質」を国家資格として保証する「公認心理師」の誕生により、安定した援助サービスを提供できる制度を構築することになります。子どもを育てるのは地域全体、国家レベルでの大人の責任です。家庭教育、社会教育、学校教育の更なる連携の中で、フットワークよく広範な領域で活動できる公認心理師の方々の環境づくりにこれからも尽力して参ります。

注目の新刊

犯罪心理鑑定の技術

橋本和明 [編著]

A5判｜上製｜256頁｜定価 [本体 4,200円+税]

実務に資する高い技術を育むための犯罪心理鑑定マニュアル

司法専門職ではない裁判員が重大事件を裁判官とともに審議・判断する裁判員裁判制度が平成21（2009）年に始まり，「なぜ彼／彼女は罪を犯したのか」という根本を問うことの重要性はかつてなく高まりつつある。裁判を受ける被告人の心理や犯行メカニズムを見定める手法「犯罪心理鑑定」は情状鑑定とも呼ばれ，専門家＝鑑定人の法廷証言において，被告人のパーソナリティ，家庭環境，成育史を調査し，犯罪との関係を解説するだけでなく，被告人の更生の可能性やその方法について見解を述べ，裁判員が被告人の全体像をとらえた判断を下すための条件を整えていく。第1部「技術としての心理鑑定」，第2部「情状鑑定としての心理鑑定」，第3部「心理鑑定の臨床的意義」，第4部「心理鑑定の今後の展望」から構成される本書では，方法としての犯罪心理鑑定を，精神鑑定との対比や司法領域におけるポジションから幅広く論じる。

株式会社 金剛出版
東京都文京区水道1-5-16　Eメール eigyo@kongoshuppan.co.jp　電話 03-3815-6661　FAX 03-3818-6848

3

公認心理師と
さまざまな連携の課題

市民は心理専門職を必要としている

泉 房穂 Fusaho Izumi　　明石市長／弁護士／社会福祉士／（一財）日本心理研修センター 評議員

　まずは念願の国家資格化，おめでとうございます。国家資格化への一端に関わった者として，とてもうれしく思っています。しかしこれがゴールではありません。ここからが専門職としての第一歩です。みなさんの力を必要としている人々のために大いに活躍し，社会に貢献されることを心から期待しています。

　私は市長として，かねてから専門職が自治体に位置付くことが市民のためになると考えてきました。心理の専門職も市の正規職員として，行政職並の待遇で安定した立場に位置付いてこそ，安心して働き，力を発揮することができると思っています。それにより一般行政職員や他の専門職員との連携も可能になります。すでに兵庫県明石市ではその取り組みを始めています。

　さて，明石市では心理職以外にも，弁護士，社会福祉士，精神保健福祉士，手話通訳士などの5年の任期付専門職員を20名以上採用しています。平成24（2012）年，一般社団法人日本臨床心理士会の全面的な協力により心理職の全国公募を行い，北海道から九州まで全国各地から49名もの方にご応募いただきました。そして，平成25（2013）年4月，常勤の任期付専門職員として心理職3名を採用し，今年で4年目になります。教育委員会児童生徒支援課，発達支援センター，児童福祉課，市民相談室，それぞれの職場で頑張ってくれています。

　本市の専門職員採用の大きな特徴は，常勤の正規職員であることです。常勤正職員であることで，緊急支援が必要なときにすぐに動け，継続的な支援が可能になります。また，一般行政職員や他の専門職員とのチームアプローチも可能になるのです。

　たまに頼まれて現場に顔を出すようでは十分な効果は発揮できないだろうと思いますが，心理職にはスポットで来てもらえたらいいという意見もあります。ではどうすれば自治体に，心理職，専門職の正職員としての採用が広がっていくでしょうか。少数意見かもしれませんが，私は，専門職は一般行政職の仕事もやれる，やっていいという前提に立っています。専門職としてのみ働くのではなく，専門職の素養があることによって一般事務職としてもできることが広がったり高まったりするのではないでしょうか。本市の弁護士職員も，常に弁護士業務をしているわけではなく，弁護士の素養がある，法律に詳しい職員として日常の職務にあたっています。

　一般行政職の仕事もするということで自治体に配属することができれば，スポットでの活用ではなくすことができます。そうすることにより，市民のニーズや地域の課題を一般行政職員と共有することが可能になります。市役所内の他部門とも顔なじみになり，関係課との調整や外部機関との調整が，非常勤や1，2年の契約職員に比べるとはるかにしやすくなります。必要なときにすぐに連携をしてケースにあたるチームアプローチが可能に

なるのです。

　何か問題があったときだけ連絡を受けて出向いて，「はじめまして」から始めるのではなく，日常的に一般行政職とともに仕事をしていることが市民にとってプラスになるというのが私の立場です。

　例えば発達支援センターの例ですが，主訴は子どもの発達障害であっても，心理職が相談を受けて話を聞いていると世帯全体にいろいろな問題があることが見えてきます。祖父母の介護や親自身の精神疾患などです。心理アセスメントで家族全体の支援が必要だと気付くと，教育機関だけではなく他部署や他の専門職と連絡をとって全体的な支援をすることができます。

　またスクールカウンセラーの例では，最初は心理職が相談を受けても，家庭で虐待があって福祉制度につなぐ必要がある場合，または緊急に保護が必要な場合などに施設や関係機関とつなぐ必要があるときなどは，社会福祉士と連携して動くことでスムーズな支援ができます。また逆に社会福祉士が関係調整をしていて，周りは整ったのに家族に悩みがあって相談を聞いてほしいという場合は心理職が相談を受けるとか，登校できなかった子どもが学校に戻ってからは心理職が継続してサポートするということもあります。更に法的な論点が出てきた場合は，弁護士職員にいつでも相談できるという安心感があります。スクールカウンセラーが単独でスポットで動くのではなく，常にスクールソーシャルワーカーやスクールロイヤー，市の一般行政職員と連携して動くことが市民に対する早期の，また継続的な支援を可能にするのです。

　教育現場で何かがあって，呼び出されて現場に出向いても，やはり最初の1〜2年は何者かわかってもらえないといいます。自分たちの非を責められるのではないか，という警戒が現場にはあります。3年目位になると市の職員であると認識してもらえるようになり信頼してもらうことができたとか，いつでも相談できるのでありがたいと言われたという話も聞きます。市役所内でも「こんなことできる？」と声をかけられることが多くなってきた，こういうことができる人なんだとわかってもらえるようになってきたと聞いています。そういう意味でも任期は法律で定められた最長の5年間にしています。

　それから専門職員は職種ごとに一人ではなく，複数採用しています。一人だと孤立してしまうおそれもありますし，その人個人の考えだけが正解と受け取られるおそれもあります。専門職といっても一人を絶対と考えず，いくつかの選択肢をもち，複数の意見を聞くことが必要だと考えています。また専門職員同士も，複数いればお互いに情報・意見交換をしながら成長することができると思います。

　明石市は平成30（2018）年に中核市になり，市立の児童相談所と児童養護施設を作ります。児童虐待の分野も市で担うことになりますので，心理の専門職員の存在が不可欠で重要になります。専門性を活かしながらさらに重要な役割を果たしていただけると期待しています。

　私がいつも専門職の方にお願いするのは，「高く広く」ということです。みなさんには心理の専門家として，専門性の向上に努めていただきたい。そして心理分野の中でも特に高い専門性を持つご自分の専門分野を築いていただきたい。そのためには日々の精進が必要です。社会は日々動いています。時代の動きをビビッドに感じながら，ご自分の専門性を磨いていただきたいと思います。

　そして幅広い隣接領域との，対等な立場での連携を持っていただきたい。弁護士，医師，社会福祉士等に対して苦手意識を持たず，連携することにより，みなさんの専門性はよりいかされ，支援を必要とする人々に継続的に寄り添い続けることができると思います。

　くどくなりますが，再度申し上げます。

社会状況的にも厳しい今は，まさに心の時代です。時代がみなさんを必要としているのです。心理職の未来は大きく開かれています。ぜひ，公認心理師が子どもたちの憧れの職業となるように，活躍していただきたい。市民のために働いていただきたい。国家資格化により，その可能性は高まっています。

　みなさんの益々のご活躍に熱い期待をこめてエールを送ります。

医療・保健領域

公認心理師と医療との連携について

横倉義武
Yoshitake Yokokura

公益社団法人 日本医師会 会長

Ⅰ　はじめに

　平成27（2015）年9月16日に公認心理師法が公布されました。心理職の国家資格化は，心理関係者や精神科医療関係者の悲願であり，皆様の長年に亘るご努力に衷心より敬意を表します。

　私と心理職の方との出会いは，30年以上前に遡ります。福岡県の農村部で病院を開設していますが，さまざまな患者さんが来院されます。私は外科が専門ですが，例えば交通事故や労働災害の患者さんの中にはこころにわだかまりを持つ方もいて，医療の技術だけでは十分ではないという思いを抱いていました。そこで九州大学心療内科の教授に相談したところ，医師と臨床心理士を派遣していただけるようになったのが，心理職の力に気付かされたきっかけです。

　その後，社会環境も大きく変化し，現代社会はストレスに溢れています。子どもから大人まで，人生のさまざまな場面において，こころの問題を抱えうる時代にあると言えます。

　このような時代において，公認心理師法が成立・公布されたことは，まさに精神科医療や心理的ケアの重要性が改めて認識され，またそれを支える心理職への期待の表れと言えるでしょう。

Ⅱ　医療との連携，チーム医療について

　さて，公認心理師法における医師・医療との関係について触れたいと思います。公認心理師法第42条第1項では，「公認心理師は，その業務を行うに当たっては，その担当する者に対し，保健医療，福祉，教育等が緊密な連携の下で総合的かつ適切に提供されるよう，これらを提供する者その他の関係者等との連携を保たねばならない」とされています。また第2項では，「心理に関する支援を要する者に当該支援に係る主治の医師があるときは，その指示を受けなければならない」とされています。なお，ここでいう「主治の医師」は，あくまで法律上の表現です。日本医師会は「かかりつけ医」として，地域の医師が，地域連携や後で述べるチーム医療の中心的な役割を担っていくことを推進しています。

　看護師等の医療関係職種は，医師の指示の下に「診療の補助」としてさまざまな業務を行います。一方公認心理師は，医療に限らず教育，産業，司法等さまざまな分野での活動があることから，資格の上では「診療の補助」としての位置づけにはなっていません。

　しかし，第42条にあるように，医師の指示や医療との連携の重要性について，十分ご理解の上活動していただきたいと思います。

　医療機関に勤務する公認心理師は，主治医の指示の下に業務を行うことになりますが，医療機関以外で活動する方も，相談者に主治医がいる場合には連携していただくとともに，主治医がいない場合でも医療機関への受診が必要と思われる時には医療機関につないでいただくことが重要です。

我々が医療との連携を求めるのは，決して公認心理師の活動を医療の下で管理しようとするものではありません。患者さんの心身の回復を支援するためには，医療関係者と公認心理師が共に連携して，適切に働きかけることが必要と考えるからです。

　現在医療の現場では，チーム医療・多職種連携が進められています。チーム医療とは，「医療に従事する多種多様な医療スタッフが，各々の高い専門性を前提に，目的と情報を共有し，業務を分担しつつも互いに連携・補完し合い，患者の状況に的確に対応した医療を提供すること」とされています。

　医療機関に勤務する心理職の方々は，すでにチーム医療の一員として活躍されていることと存じます。医療機関での業務は，本来業務である各種検査等の実施や相談以外にも，がんなどの身体的疾患で治療を受けている患者さんや家族の心理的サポートの役割も，今後さらに重要になっていくと思います。また，子どもの発達障害にかかわる業務なども増えていると聞いています。チーム医療の一員として，心理職が専門性を発揮され，よりよい支援が行われることを期待しています。

III　おわりに

　過日，熊本を震度7の大地震が襲いました。相次ぐ大きな余震と長引く避難生活に，多くの子どもたちが不安や恐怖感を抱き，心身に不調をきたしていると聞いています。そのような中，心理職の方々が被災地に赴き，こころのケアにあたられています。

　日本医師会は，東日本大震災の際に「被災者健康支援連絡協議会」を立ち上げ，日本臨床心理士会にもご参画いただきました。関係者の支援により，熊本の子どもたちが笑顔を取り戻し，その笑顔が大人たちの復興に向けた力となることを願っています。

　最後に，公認心理師・心理職の皆様におかれましては，今後も知識・技術の研鑽に励まれ，社会の要請に応えていただくようお願い申し上げるとともに，ますますのご活躍を祈念して，擱筆いたします。

医療・保健領域

医療チームにおける連携

坂本すが　　公益社団法人 日本看護協会
Suga Sakamoto

I　チーム医療とは

　チーム医療は,「医療に従事する多種多様な医療スタッフが, 各々の高い専門性を前提に, 目的と情報を共有し, 業務を分担しつつも互いに連携・補完し合い, 患者の状況に的確に対応した医療を提供すること」(厚生労働省, 2010) と定義されている。チーム医療の推進により, 以前は医師や看護師など限られた職種しか見かけることはなかった病棟でも, 薬剤師, 理学療法士, 作業療法士, 言語聴覚士, 管理栄養士, 臨床工学技師, 社会福祉士など, 様々な専門職が直接患者にかかわり, 質の高い医療提供を目指し, 協働している。これからのチーム医療における課題について, 看護職の立場から述べたい。

II　看護職はチーム医療のキーパーソン

　チーム医療では, 専門性の高い多職種が協働することで, 疾病の早期発見・回復促進・重症化予防により医療や生活の質を向上させたり, 効果的な業務分担により医療の効率性を向上させ, 医療従事者の負担を軽減したり, 医療の標準化・組織化を通じ, 医療安全の推進などの効果が出ている。チームの一員である看護師は, さまざまな医療の場で, 診療に関連する業務から患者の療養生活支援まで幅広い業務を担っていることから,「チーム医療のキーパーソン」(厚生労働省, 2010) として位置づけられており, チーム医療の推進とそれによる医療の質向上に貢献することが期待されてきた。

III　施設内の「チーム医療」から「地域における多職種連携」へ

　超高齢社会を背景に, チーム医療は大きな転換期を迎えている。2016年5月には, 65歳以上の人口の占める割合は27.1％となった (統計局, 2016)。高齢化は今後もさらに進み, 2025年には30.3％, 2040年には35.1％に達すると予測されている (内閣府, 2012)。少子化により労働力人口が減少する一方, 高齢化により医療や介護のニーズが急増するため, 医療や介護の需要と供給のアンバランスへの対応が喫緊の課題となっている。これに対し, 国は医療・介護の制度改革を進めている。その大きな柱は「効率的かつ質の高い医療提供体制の構築」と「地域包括ケアシステムの構築」である。高度急性期から在宅医療・介護までの一連のサービスを地域において総合的に確保することで, 病気を抱えながらも住み慣れた地域で安心して最期まで生活することができるような体制づくりを進めている。

　地域包括ケアシステムの構築を背景に, これまで医療機関内で取り組まれてきた「チーム医療」は, 病院外の多職種も含んだ多様な領域で活躍するさまざまな職種が連携する「地域における多職種連携」へと発展しつつある。今後は, 施設・領域を超えた連携が不可欠となり, この「地域における多職種連携」の成否がその地域に暮らす人々

のより良い暮らしの実現のカギを握ることとなるだろう。この転換期にどのように多職種連携を推進するかが大きな課題である。

チーム医療のキーパーソンとしての役割を果たしてきた看護師には，今後，「地域包括ケアシステムにおけるキーパーソン」として，地域における多職種連携の要となることが期待されていると受け止めている。高齢者や複数の慢性疾患を抱える人々が増加する超高齢社会において，病気を抱えながらも，住み慣れた地域で安心して最期まで生活できるようにするためには，質の高い医療・介護サービスが必要なときに切れ目なく提供されることが重要である。そのためには，多職種が連携し，多様な視点から幅広くかつ的確に対象者を捉え，本人や家族の希望を理解した上で，その希望に沿う生活ができるよう多様なアプローチを駆使していく必要がある。

IV　チーム医療の4つの要素

チーム医療の要素として「専門性志向」「患者志向」「職種構成志向」「協働志向」（細田，2003）の4つが挙げられているように，チーム医療の推進には各職種の専門性の向上が不可欠である。また，質の高い医療・ケアを効率的に提供するには，必要なタイミングを見極め，ケアをマネジメントすることが非常に重要である。看護師は「療養生活支援の専門家」として，全人的なアセスメントを行うとともに，対象者の全体像を的確に捉えた上で，身体状況の変化を予測しながら，医療と生活の両面から予防も含めた多様なアプローチをする。必要なときに必要なサービスが提供されるよう，多職種と連携するとともに，より自立した生活に向けて，必要な保健・医療・福祉をつないでいく。

私の考えるチーム医療は，目的を共有し，それぞれの専門性をさらに磨き，患者を含めた相手を受け入れ，お互いの考えや意見，課題を伝え，1つの方向性に集約していくプロセスを作り上げながら，アクションを起こすことである。これまでのチーム医療を発展させ，病気を抱えながらも住み慣れた地域で安心して最期まで生活することができる社会の構築に向け，新たに誕生する公認心理師も含め，すべての保健・医療・福祉関係職種が一丸となって取り組んでいくことが重要である。

▶文献
細田満和子（2003）「チーム医療」の理念と現実——看護に生かす医療社会学からのアプローチ．日本看護協会出版会．
厚生労働省（2010）チーム医療の推進に関する検討会報告書——チーム医療の推進について．
内閣府（2012）平成24年版高齢社会白書．
統計局（2016）人口推計2016年5月報 概算値．

医療・保健領域

チーム医療推進協議会における連携

半田一登　チーム医療推進協議会 代表
Kazuto Handa

　チーム医療推進協議会は，平成21（2009）年にがん患者さんのチーム医療を念頭に置いてスタートしました。そのため，当初は参加団体の構成に偏りが感じられましたが，今日ではほとんどの医療関係職種が参加する協議会となりました（表）。また，患者団体も参加していることが大きな特徴となっています。今後は患者団体の更なる参加を求め，利用者側からの意見等も参考にしながらチーム医療の促進，そして多職種の連携ある医療を目指しています。

　本会では約2年間をかけて，「チーム医療の理念」を作成しました。この理念はチーム医療推進協議会としての目標でもあり，本会の活動指針とも言えます。この理念を作成するのに2年を要したことこそが，ある意味ではチームにおいて論議を尽くした証とも言えます。一方，多職種による連携には時間がかかることも証明されたことになります。

〈チーム医療の理念〉
1. 患者中心の医療を推進します。
2. 他のメディカルスタッフの専門性に敬意を払います。
3. 患者情報の共有に努めます。
4. チーム医療を推進します。

　この4項目の中の「チーム医療を推進します」の小項目として以下があります。

表　チーム医療推進協議会参加団体

日本医療社会福祉協会	日本診療情報管理士会
日本医療リンパドレナージ協会	日本診療放射線技師会
日本栄養士会	日本精神保健福祉士協会
日本看護協会	日本理学療法士協会
日本義肢装具士協会	日本臨床衛生検査技師会
日本救急救命士協会	日本臨床心理士会
日本言語聴覚士協会	
日本細胞検査士会	〈患者団体〉
日本作業療法士協会	山梨まんまくらぶ
日本歯科衛生士協会	あすなろ会
日本視能訓練士協会	

1. 他のメディカルスタッフの業務に関心を払い,医療チーム全体の統合性を確立します。
2. 他のメディカルスタッフの専門性に敬意を払います。
3. 自らの専門性を堅持しつつ,さらなる高みを目指すと共に,他のメディカルスタッフとの協働意識を育てます。
4. チーム医療の結果を統合的に評価します。
5. 学生教育の段階から,チーム医療の概念を発達させるために,連携教育を推進します。

チーム医療には,限りないほどの形や姿があります。そうした中で,それぞれの職種間での業務上の線引きが問題になることがあります。そこで大切なことは,それぞれの職種がしっかりとした「核」を持つことと考えています。その職種が社会的に果たす役割を明確にすることです。それを前提として,境界線については,他職種との節度のある重なり合いを認め合うことが大切です。「糊代」部分がないということは,往々にして切れ目の発生になってしまいます。認め合うことから連携が始まります。

2025年に向けて地域包括ケアシステムの論議が盛んです。これまでの伝統的な医療供給体制を超高齢社会仕様にチェンジすることが目的です。そのため,これまでとは違ったチームができたり,チーム機能が変わったりすることも予測されます。社会は変化し続けます。医療も当然ながら変わらねばなりません。その変化に縦横に対応できる連携のあるチーム医療推進協議会を目指しています。

医療・保健領域

公認心理師の誕生に寄せて

本條義和
Yoshikazu Honjo

公益社団法人 全国精神保健福祉会連合会（みんなねっと）

　2017年度から公認心理師法が施行されて日本で初めてとなる心理系国家資格が生まれることになる。みんなねっと（全国精神保健福祉会連合会）など家族会としても心理職の国家資格化を長年待ち望んでいたので，法施行に大きな期待を抱いている。

　さて，精神疾患の回復や再発に家族が深く関係していることは比較的古くから知られていた。しかし，それは家族の存在が病気に悪い影響を与える，それも感情表出の高い家族ほど悪い影響を及ぼすというものが中心であった。ただ，その一方で家族を支援することによって病気の再発率を低下させるという仮説も生まれてきた。英国のIan Falloonらによって，1年後の統合失調症の再発予防の研究や，家族支援プログラムの開発も行われた。Falloonによると，1年後の統合失調症の再発率は何もしなければ70％の人が再発し，薬物療法を施しても38％の人が再発したが家族療法を施すと13％の人しか再発しなかった。そうした研究結果を受け，英国では，1995年ケアラーズ法（家族介護者支援法）を制定するなど家族支援に大きく舵をきった。

　当会でも設立以来様々な家族支援の取り組みをしてきた。そうした中で，イギリスのバーミンガム地方で，本人を交えた家族全体を支援していく行動療法的家族療法のプログラムが開発され，実践されていることを知り，日本での普及を目指し，いろいろ試行錯誤をしているところである。

　以上のような行動療法的家族療法となると，公認心理師の領域となると思われる。もちろん，法にも明記されているように，カウンセリングそのものは法が施行になっても公認心理師だけしかできないものではない。公認心理師は名称独占資格であって，業務独占資格でないからである。しかし，従来行われていた福祉職の行う援助技術はどちらかというと，援助者（カウンセラー）は自分の意見を言ったりアドヴァイスをするのではなく，傾聴・受容という非支持的なカウンセリングが中心であった。公認心理師は，来談者中心カウンセリングにとどまらず，自らが，さまざまな領域で，多種多様の心理技術を駆使し支援していただきたい。更には，医療や福祉従事者や教職員等と連携し，心理職以外の人のカウンセリング等もまた適切に，効果的に行われるように連携したり情報提供していく使命があるように思われる。

　家族にとって関心が深いのは精神科医療だけでなく，教育分野もそうであるが，心理職の果たすべき役割はここでも大きいといえる。こころの健康には，教育が欠かせない。というのも精神疾患の回復には，先ほど述べた家族支援のほか，予防及び早期発見早期支援を行い未治療期間を短くすることが必要だからである。早期発見早期支援というと，短絡的に，薬物療法とか入院医療に結び付け反対する向きもある。確かに精神疾患に関しては思春期の発症が多い。それ以前，特に幼児の場合人格がまだ形成されていないので早期発見・

早期治療が必須とは言えないということであろう。しかし発達障害も含めた広義の精神障害の場合は、やはり早期に発見し教育的・心理的支援をするほうがいいと思われる。また統合失調症や気分障害の場合も思春期の心の不具合と深く関係しているので、心のケアや支援が望まれる。その点で、心理職等が教育現場と連携した実践が、スクールカウンセラーの設置につながったことは評価される。というのも、従来学校の教職員だけでは対応が難しかった、不登校、いじめ、精神疾患や発達障害などの相談助言だけでなく、保護者や教職員に対する相談助言や他機関との連携も図れるようになったからである。

しかし、多くの問題を抱える学校現場で対応するにしては絶対数が不足しているし、あくまで対症療法に過ぎない。根本的な解決には、心の不調を訴える児童生徒だけでなく、すべての児童生徒に対し公認心理師が、傾聴と対話を用いた学校精神保健（精神疾患予防を含む）プログラムを実施することが必要だと思われる。また教職員に対しては、授業を担当する教師だけではなく、すべての教師に精神疾患を含む心の健康や障害や人権等の研修を実施すべきであると思われる。その際、教科書や副読本で学習するだけでなく、教職、保健福祉、医療、心理等の専門職が連携しプログラムを実践すべきであると思う。その中心者としての役割を公認心理師の方に担っていただきたいと強く願うものである。

本来は家族として臨む公認心理師との連携について述べるべきであろうが、多くの家族は家族だけに特別な支援を求めてはいないであろう。障害のある本人とその家族が、住み慣れた地域で、医療福祉保健サービスが適時適切に受けられ安心して生活できる社会を望んでいるだけである。

福祉領域

社会福祉の現状と福祉領域における連携

笹尾 勝
Masaru Sasao
社会福祉法人全国社会福祉協議会 政策企画部部長

I 福祉施設の基本

近年，家族の機能としての子育てや介護の社会的需要が増大し，社会福祉制度の多様化と福祉サービスの普遍化をもたらした。地域コミュニティの福祉基盤である社会福祉施設（以下，「施設」という）は急増した。

入所の施設は，利用者の「生活の場」である。和める居住環境のもとに，だれもが安心，安定して，それぞれの能力に応じて，その人にふさわしい生活を支えることが施設に貫流する役割である。まず，利用者が生活のリズムを整えるよう支える。コミュニケーションをはかり，心身の状況や生活に配慮し，利用者の思いに寄り添い，利用者の判断を尊重し，その人にとって必要な適切かつ良質な福祉サービスの提供と支援・援助を行う。こうした営みは，さりげなく，日々続けられていく。

そのために社会福祉の専門性と総合性，多職種間の連携・協働が必要となる。また，利用者・家族，職員が互いに思いやり，支え合うとの相互理解・協力の関係が根底にあって，豊かな精神風土が培われていく（高橋，1978）。そこに「感謝，感動，感激」（全国社会福祉協議会政策委員会，2016）の人間模様が描かれる。

II 介護施設の現状

だが，現実はきびしい。介護施設では，高齢者の心身の状況に合わせ，一日のあらゆる生活場面で支援・援助を行っている。要介護度の高い方や認知症の人が増え，個別ケアが高まっている。少人数単位のユニットケアが増えた。夜勤体制が課題である。事故が増え，あってはならない施設内虐待が起こっている。また，高齢者と家族の不安や悩み，家族間の調整等と，きめ細やかな対応が，常時必要となっている。

こうした変化に，介護職はより高い対応力を求められている。容易なことではなく，職員一人ひとりの弛まぬ努力と職員間の連携・協力に，感謝と敬意を表するしだいである。

一方，介護人材不足の影が現場を覆っている。介護職の5割余が働きがいのある仕事と思ったから職に就いたとしているが，介護に就いた7割の職員は3年未満で離職との報告がある（公益財団法人介護労働安定センター，2015）。

現場は，ゆとりなく，疲弊しているのでなかろうか。利用者本位の介護と現場の実態を中心に据えた制度改革が急務であろう。介護に限らず福祉領域は，あまり社会に向けて発することがない。あらためて現場が，外に向かって社会福祉の意義を伝えていくことが大事である，と言えよう。

III 施設現場における心理職との連携

さて，こうした実態をも背景に，介護施設では心理職の専門性との連携に期待が高まっている。ある施設では，心理職が生活相談員として役割を発揮している。高齢者へのアプローチとケア，家族

への支援，また，アセスメントと個別支援の計画への協力，職員の担う支援・援助への助言，チームアプローチ，職員のメンタルサポートと，さまざまな役割を担っている。

さきがけて，10年ほど前に社会的養護関係の児童福祉施設と障害児施設に制度として心理職が大幅に増員された。施設での生活の中で子どもたちの育ちを支え，虐待を受けた子どもの重篤なこころの傷の癒し，障害のある子どもの発達・療育等を担うという児童福祉分野での着実な臨床の取り組みのもとに，心理職の役割と働き方，立ち位置が明らかとなった経過と実績がある。

これまでの経過と福祉現場の課題を踏まえると，人が人を支える福祉領域では，心理職との協調と融合が一層高まっていくと言え，大いに期待したい。

IV 新たな福祉課題への対応

ところで，セーフティネットの崩壊が指摘されて久しいが，2015年度，新たな生活困窮者自立支援事業が全国で始まった。1年で22.6万件の新規相談があった（厚生労働省，2016）。経済の低迷が続き，リストラ・失業，非正規雇用などにより貧困層が6人に1人と言われている。とくに若者層や母子世帯，高齢者への影響は著しい。世代間連鎖の子どもの貧困問題も重い。

貧困・格差問題に社会的な生活問題が複雑に重なっている。地域とのつながりや家族関係は希薄化し，単身世帯が増加し，孤立して暮らす人が増えている。そのため，孤独死，自殺，ひきこもり，いわゆるごみ屋敷問題，病気，事故や災害，犯罪被害等のリスクが高まっている。子育てが困難な状況にある家庭，家族の人間関係の問題，生きづらさやこころの問題が社会に広がっている。

複雑に絡み合った事態には，もはや福祉分野だけでは対応できなくなっている。地域で支援を必要とする人々，支援の手が届いてない人々を支えるためには，福祉関係者間の連携強化はもとより，広範囲な関連機関・専門職が協調・協力して，有機的なネットワークをはかることが大きな課題となっている。その取り組みは，ともに支え合う共生社会の創造のための試行錯誤とも言えよう。

15年前，社会福祉の理念は，個人が住み慣れた地域において，人としての尊厳をもって，その人らしい自立した生活ができるように支える（厚生省，1999）と標榜された。けれども，時代は危機的な様相を呈している。社会福祉の転換期にあって，あらためて福祉の本質とそのあり方が問われている，と思うところである。

▶文献

公益財団法人介護労働安定センター（2015）平成26年度介護労働実態調査.
厚生省（1999）社会福祉事業法一部改正法案大綱.
厚生労働省（2016）生活困窮者自立支援制度 支援状況調査.
高橋精一（1978）福祉施設における集団指導のあり方. 弘学出版.
全国社会福祉協議会政策委員会（2016）地域を支える福祉人材確保・育成・定着の緊急対策――福祉人材のポジティブ3K.

教育・学校領域

「チーム学校」における連携
スクールカウンセラーの役割と課題

石隈利紀
Toshinori Ishikuma
東京成徳大学

　2015年9月,「公認心理師法」が公布された。学校教育に関わる教職員にとっても,きわめて大きなできごとである。そして期を一にして,同年12月,中央教育審議会から「チームとしての学校の在り方と今後の改善方策について」(答申)が出され,スクールカウンセラー(以下,SC)やスクールソーシャルワーカー(以下,SSW)などを学校の専門スタッフとして教職員定数に入れる方向性が提案された(図1)。公認心理師の誕生は,「チームとしての学校(以下,チーム学校)」にとって重要な意味をもつ。本稿では,チーム学校における連携で公認心理師の果たす役割と課題についてスクールカウンセラーに焦点をあてて述べる。

I　チーム学校の意義

1　「チーム学校」の答申の3つの視点
　前述の答申では,以下の3つが提案された。

　①専門性に基づくチーム体制の構築:チーム体制について3つのステップが示されている。第1に,教員同士の連携の強化である(図1(a)+(b))。教育に関する専門性を共通の基盤としてもつ教員は,学習指導や生徒指導などの多様な教育活動を連携・分担して行っているが,さらにチームとしての連携を強化すべきとされている。第2に,心理や福祉などの専門スタッフ(SC,SSWなど)の学校教育への本格的な参加である。専門スタッフが,学校の職員として,職務内容を明確化して,質の確保と配置の充実を進めるべきであるとしている(図1(c))。第3に,チーム学校・家庭・地域の連携の充実である(図1全体)。これはチーム学校の横軸である。

　②学校におけるマネジメントの充実:専門性に基づくチーム学校が機能するためには,校長のリーダーシップが重要であり,副校長・教頭,事務長,主幹教諭も含めて(図1(a)),学校のマネジメント機能を強化することが求められるとしている。これはチーム学校の縦軸である。SCらの専門スタッフは校長の監督下で働くスタッフであることを確認したい。

　③教職員一人ひとりが力を発揮できる環境の整備:チーム学校の横・縦の連携を促進するためには,人材の育成の充実,業務改善,トラブル対処等での教育委員会の支援など,教職員の働く環境の整備が重要となるとしている。

2　心理教育的援助サービスのシステム
　SCらが関わる児童生徒の心理教育的援助サービス(一人ひとりの児童生徒の学習面,心理・社会面,進路面,健康面における問題状況や危機状況における援助)は,学校心理学では3つのチームで整理されており(図2:石隈,1999),SCらは3つのチームで貢献する。

　①個別の援助チーム:不登校,発達障害など,

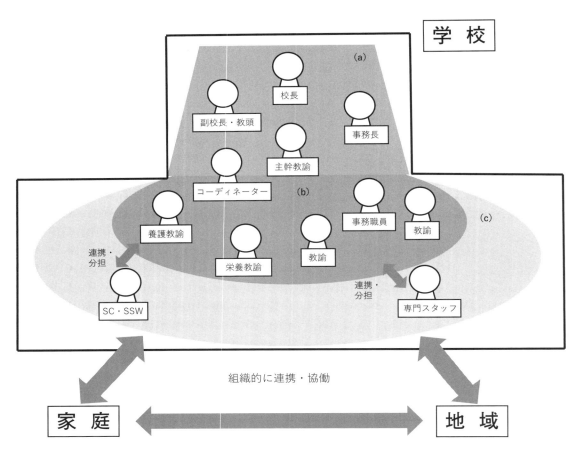

出典:文部科学省・中央教育審議会「チームとしての学校の在り方と今後の改善方策(答申)」2015年12月21日をもとに筆者が修正

図1 「チーム学校」における連携

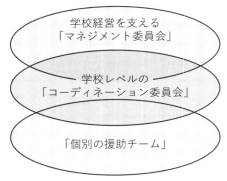

図2 心理教育的援助サービスのシステム
(石隈,1999)

特別の援助を要する児童生徒を個別に援助するチームである。担任,保護者,養護教諭,SCらからなる。

②コーディネーション委員会:困難な事例への援助サービスのコーディネーション(調整とまとめ)や学校全体の援助サービスの向上を図るチームで,教育相談部会,特別支援教育の校内委員会などがこれにあたる。教育相談担当,養護教諭,特別支援教育コーディネーター,SCらからなる。

③マネジメント委員会:心理教育的援助サービスを含めた学校教育全体の経営に関するチームであり,危機管理もリードする。校長・副

校長，教頭，主幹教諭（教務主任・生徒指導主事など），学年主任が主なメンバーであるが，SCらが参加することが望ましい。

Ⅱ　公認心理師の役割

2015年の「公認心理師法」では，公認心理師の4つの行為が定義された。

①支援を要する者の心理状態を観察し，その結果を分析する（例：児童生徒や環境に関するアセスメント）。
②支援を要する者の心理に関する相談に応じ，援助を行う（例：児童生徒へのカウンセリング）。
③関係者に対し，その相談に応じ，援助を行う（例：教職員，保護者へのコンサルテーション）。
④心の健康に関する教育を行う（例：児童生徒に対する予防発達的心理教育）。

公認心理師がチーム学校の専門スタッフ（SCら）として働くとき，以上の4つの行為が求められる。教職員・保護者へのコンサルテーションとチームの促進は，チーム学校成功の鍵を握る。また学級等での予防開発的心理教育は，心理学の知識・方法の専門的知識をもつSCが教育の専門的知識をもつ教員との協働で充実する（石隈，2016）。そしてSCがチーム学校全体に貢献するためには，個別の援助チームだけでなく，コーディネーション委員会やマネジメント委員会に定期的に参加して，心理教育的援助サービスの向上を共に担うことが期待される。

さらにSCは，チーム学校・家庭・地域の連携のキーパーソンとなる。とくに，教育委員会，適応指導教室（教育機関），児童相談所（福祉機関），病院（医療機関），警察（司法機関）等との連携の担い手として期待される。ここでは，児童生徒のトータルな支援を行う公認心理師としてのネットワークが活かされる。

Ⅲ　課題

チーム学校において，教員が中核となり，心理・福祉，特別支援教育の専門スタッフも含めて，専門性に基づくチーム体制を充実させるためには，教育活動のコーディネーションが大きな課題となる。コーディネーションは，すべての教職員が意識して行うべきであるが，とくに「コーディネーター」の役割を果たす者の明確化が必要である。具体的には，副校長・教頭，主幹教諭，教育相談や特別支援教育のコーディネーターなど，コーディネーターの役割を果たすものが，「コーディネーター・チーム」として機能するのが望ましい。SCら公認心理師も，チーム学校そして学校・家庭・地域の連携におけるコーディネーションへの積極的な関与が期待される。チーム学校の充実とチーム学校・家庭・地域の連携で，すべての児童生徒の成長を援助していきたい。公認心理師は，学校教育と教員への敬意をしっかりともち，チーム学校の一員として働くことを誇りとしたい。

▶文献

石隈利紀（1999）学校心理学——教師・スクールカウンセラー・保護者のチームによる心理教育的援助サービス．誠信書房．

石隈利紀（2016）公認心理師に期待される修得課題——予防開発的心理教育を学ぶ．In：野島一彦 編：こころの科学（公認心理師への期待）．日本評論社，pp.66-72．

教育・学校領域

スクールカウンセリングにおける連携

野島一彦　跡見学園女子大学
Kazuhiko Nojima

I　はじめに

　わが国でスクールカウンセリングが活発に行われるようになったのは，1995年度に旧文部省が，いじめ，不登校対策として「スクールカウンセラー活用調査研究委託事業」を開始し，公立学校にスクールカウンセラーを派遣するようになってからである。ちなみに私立学校では，それ以前からスクールカウンセリングの導入は行われていた。スクールカウンセリングでは，①児童・生徒，②保護者，③教員を対象に援助活動を行う。それらの援助活動を効果的に行うにあたっては，連携が極めて重要である。

II　スクールカウンセリングにおける連携の3つの次元

　スクールカウンセリングにおける連携には，大きく3つの次元がある。

　（1）学校内における他職種・諸立場との連携——学校にはまず学習指導を担当する教諭がいる。そして，心の問題に関わる人としては，教師カウンセラー，養護教諭，スクールカウンセラー，スクールソーシャルワーカー，適応指導教室相談員，特別支援教育コーディネーター，特別教育支援員等がいる。そして学校の管理者としての校長，教頭等がいる。スクールカウンセリングにおける連携という場合，これらすべてのさまざまな職種・立場の人との連携が必要である。近年，「チーム学校」ということが言われるようになってきたが，まさに学校はチームなのであり，スクールカウンセラーはそのチームの一員であるという自覚を持ち，他の立場の人と良いチームワークが築けるようにしていかなければならない。

　（2）教育委員会管轄の諸機関との連携——教育委員会の管轄下には，一つひとつの学校の垣根を越えた教育センター，特別支援教育センター，教育支援センター等が置かれている。ケースによっては児童・生徒が所属する学校内での援助が難しい場合があるが，そのような時にはこのような教育委員会管轄の諸機関との連携が必要であり有効である。

　（3）地域の諸機関との連携——ケースによっては前述の2つだけでは対応が困難なことがあるが，その時は地域の諸機関との連携が必要となる。例えば，次のようなところがある。①心の病気が疑われるケースでは，精神科や心療内科や小児科のクリニックや病院がある。②医療機関を嫌がるケースでは，臨床心理士養成大学院附属の心理教育相談所や心理職等が開業している相談機関がある。③学校や教育委員会管轄の諸機関にコンタクトすることを嫌がるケースでは，NPO法人等がやっているフリースクールがある。④虐待がらみのケースでは児童相談所がある。⑤非行傾向が強いケースでは警察がある。

Ⅲ　より良い連携をするには

　連携の必要性については誰も異論がないと思われるが，どのようにしてより良い連携をしたら良いのだろうか。そのためのいくつかのポイントについて述べよう。

　①まず連携がうまくいくかどうかのベースは関係者間の信頼関係にある。その信頼関係を築くには，相互に相手を知ること，相手から知られることが必要である。スクールカウンセラーは，いろいろな機会をとらえて，学校内，教育委員会管轄の諸機関，地域の諸機関の人たちとコンタクトし知り合いになる努力をすることが大事である。

　②次に相互的コミュニケーションをきちんと行うことである。依頼をする時には簡潔にこちらの意図を相手に伝えることが必要であるし，依頼を受けた時にはそれに対するリスポンスをきちんと返すことをしなければならない。つまり一方的コミュニケーションで終わらせず，やりとりをする形の相互的なコミュニケーションをしなければならない。

　③また使用する言葉は，自分の立場に固有の専門語をできるだけ使わず，立場が異なっても理解できるような言葉を使うように気をつける必要がある。どうしても専門語を使わざるをえない場合は，その意味を平易に説明するようにしなければならない。

　④さらに連携にあたっては，スクールカウンセラーは，自分の専門性（心理学的視点からの見立てと手立て）をしっかり持っていることが必要である。ただ自分の専門性はあくまでも1つの立場であることをわきまえ，それを絶対化してしがみつくようなことをしてはならない。自分の専門性と他の立場の専門性を突き合わせて統合することで，被援助者に対して総合的・立体的な援助ができるのである。

教育・学校領域

発達障害児・者への支援における連携

市川宏伸　　日本発達障害ネットワーク（JDDnet）
Hironobu Ichikawa

　発達障害はその種類も程度も異なっている。程度の軽いものから重いものまであるスペクトラム（連続体）であり，一人ひとりがASD（Autistic Spectrum Disorder：自閉スペクトラム症），ADHD（Attention Deficit Hyperactivity Disorder：注意欠如・多動症），SLD（Specific Learning Disorder：限局性学習症）その他の発達障害を重ね合わせて持っている。何らかの脳機能障害の存在が推測されており，置かれる環境や対応の仕方で当事者の困難は異なっている。またその困難は，ライフステージを通じて存在しているものであるが，内容はステージにより異なっている。

　筆者の経験では，薬を服用すればすべて解決するものでもないし，落ち着いたとしても状況の変化で再燃してくることもある。疾患にもよるが，低年齢で気付く場合もあれば，成人になって気付く場合もある。就学前で見つかれば，療育が中心の対応となるし，学齢期であれば学校における対応が中心になる。思春期以降で気付く場合は，何らかの付随した問題が中心になり，成人になれば就労上の問題が対象となることが多い。ここでは，医療機関における多職種の連携とJDDnetが行った東日本大震災災害支援における連携をあげてみる。

I　医療機関における連携

　日本の場合，医療は国民皆保険制度であり，医療の報酬はすべて保険点数に基づいている。結果的に医師の指示としてすべての医療行為は行われる。筆者が勤務していた児童青年精神科では，薬物治療は必ずしも治療において中心的位置を占めていなかった。したがって非薬物治療（精神療法，生活療法，心理療法，作業療法，言語治療など）が中心となり，医師，看護師，臨床心理士（CP），精神保健福祉士（PSW），言語療法士（ST），作業療法士（OT），保育士，院内学級教員などが協力して行っていた。一人の入院患者さんには，担当医，担当看護師，臨床心理士に加えて，必要に応じて言語療法士，作業療法士，保育士，院内学級教員などが補助する。院内の症例検討会には，これらの職種が一緒に参加し，治療の方向性などが話し合われる。この場では，各職種から情報提供が行われ，総合的な検討が行われた。

II　震災支援における多職種連携

　JDDnetは福島県の要請に基づき，相馬市において2011年9月より支援を開始した。県より委託された「被災した障がい児に対する相談・支援事業」であり，被災した障がい児（発達が気になる子どもを含む）を対象に，①非難に関する相談，②アセスメントと個別支援計画の作成，③ゆうゆうクラブでの放課後療育支援サポート，④子育て相談，が行われた。1年目は2名が週5日，2年目以降は月1日派遣された。この主体となったのはJDDnetの中心を担っている職能団体であった。（一社）日本臨床心理士会，（一社）日本作業療法士会，（一社）日本臨床発達心理士会，（一社）日

本言語聴覚士協会，（一財）特別支援教育士資格認定協会，（公社）日本精神保健福祉士協会，（一社）日本学校心理士会の7団体が各団体の判断で職員を派遣してもらった。この事業が被災障害児の支援に役立ったと自負しているが，一方で派遣したスタッフの中からは，「一緒に仕事をすることにより，お互いに他職種のことが理解できた」という声が多く聞こえた。筆者は，素晴らしい連携のためには，「他職種は何が得意であり，何が不得意であるか」を知る必要があると考えている。被災児のための多職種連携は大いに役立ち，最近は多職種で活動することが増えている。

教育ではスクールカウンセラー（SC），スクールソーシャルワーカー（SSW）などとして心理士は活躍しているが，この際も「教員は何が得意で，何が苦手か」を理解することが，学校現場で活躍するには極めて重要だと思われる。

筆者の経験では，心理士は他職種に比べると，マイペースで連携が苦手な人もいるように感じた。公認心理師がさまざまな現場で活躍するためにも，自らの存在意義を高めるためにも，他職種との意味ある連携は，是非必要なものと考える。発達障害のアセスメントやカウンセリングなどの面で公認心理師の活躍を期待したい。

▶文献
市川宏伸（2004）小児・思春期精神医療と他職種との連携の必要性．精神科5；238-241．
市川宏伸，廣澤郁子（2001）地域精神医療——非精神病圏への対応と医療・保健・福祉の連携．最新精神医学6；449-456．
日本発達障害ネットワーク災害支援委員会 編（2015）JDDnet災害支援プロジェクト福島．ゆうゆうクラブ支援4年間のまとめ．

司法・矯正領域

司法・矯正における連携

廣瀬健二　　立教大学
Kenji Hirose

I　はじめに

　心理専門職の公的資格，公認心理師が法定されたことについて，関係各位の多大なご尽力に深い敬意を表すとともに，元裁判官，少年法・刑事法研究者として，司法・矯正分野における公認心理師と法律実務家等との連携について今後の期待を込めて論じることとする。

II　司法・矯正における連携

　近代法治国家では，国民生活のほとんどは法律で規制され，裁判所が種々生起する多様な紛争の解決機関となる。裁判所が扱う事件は，民事（家事・行政），刑事（少年）に分けられ，基本的に法律実務家（弁護士等）が活動するものの，真相の解明・把握のため，心理専門職との連携が必要・有効な場面が種々みられる。また，犯罪者に関する刑・処分執行を扱う矯正分野では犯罪者の問題点・犯罪原因などを解明し最適な処遇を実現するために心理専門職の果たす役割は大きい。

　私人間の法的な争いが民事事件であり，基本的には地方裁判所（少額のものは簡易裁判所）で扱われる（一方が公的機関であっても，私人間の争いと性質が同じものは，対象となり得るが，公的機関の権限行使の適否自体を問題とする場合には，行政事件となる）。私人間の争いのうち，夫婦・親子の関係解消・存否自体を扱うもの（離婚，養子縁組等）は人事事件，親子・夫婦・親族等に関係する法的な問題（親権，財産分与，相続等）は家事事件として，これらはいずれも基本的に家庭裁判所で扱われる。

　犯罪の解明と犯罪者の確定，その処罰を扱うのが刑事事件であり，地方裁判所（軽い事件は簡易裁判所）で扱われるが，未成年の場合には，少年法の適用を受ける少年事件となってそのほとんどが家庭裁判所で扱われ，少年審判・保護処分などの手続・処罰について特則がある。さらに，成人でも責任が問えない触法行為については，心神喪失者等医療観察法等の問題となる。成人・少年犯罪者の刑罰や保護処分の執行を扱うのが矯正の分野となる。

　いずれの分野においても，適切な手続の進行，処分の決定・執行に資する専門家としての有効な活動が，公認心理師に期待されるところである。そのためには，まず，それぞれの制度・組織・各職種等に関する基礎知識が不可欠となるが，この点については，すでに本誌の特集（『臨床心理学』第15巻第4号「特集　これだけは知っておきたい司法・矯正領域で働く心理職のスタンダード」）があるので，その各論考（廣瀬，2015a［p.435以下］，相原，2015［p.459以下］，等々力，2015［p.464以下］）を参照されたい。

　司法との連携として，裁判の場面における公認心理師の活躍が期待されるのはもちろんである。この点に関しては，橋本（2016）が有用である。

III　近時の課題と期待

　近時の課題として，①犯罪者の更生，②犯罪被害者支援，③児童虐待，DV，ストーカー事件への対応を取り上げよう。①犯罪者の更生には，警察・裁判所・矯正機関等における適切な対応に加え，保護観察所等の更生保護機関のみならず，各手続きの前後も含む福祉・医療・教育機関，種々の民間の活動も必要・有効である。②犯罪被害者に対しては，刑事・少年事件の各手続へのアクセス・被害回復，二次被害等防止のために，弁護士等とともに，心理専門職による付添い，助言等の重要性が指摘され，法テラスの民事法律扶助制度による費用立替も実施されている（犯罪被害者支援ダイアル：0570-079714ナクコトナイヨ）。③児童虐待，DV，ストーカー事件への対応においては，夫婦・親子の関係（家事事件），暴行・殺傷等（刑事・少年事件），行動の規制・損害賠償等（民事事件）などへの法的対応に加え，警察や福祉機関，シェルター等の民間支援団体との連携が必須となっている。

　このような多面的な問題には，多機関連携が必須といわれながら，警察，裁判所，福祉，教育，医療等の関係機関の相互連携は十分ではない。各場面における対象者のニーズ（何を求め，何が必要か）を正確に把握することが大前提となるが，心理専門職には，それができるはずで，得た情報を適切に他機関と共有し連携できれば非常に有用な活動が期待できる。そのためには，他の職種・組織の枠組み，特徴等を正確に知り，実効的な連絡・協力ができるような関係の構築が必要となる。根本的には北欧諸国や近時の欧米諸国における多機関連携強化にみられるように，制度改革が必要である（廣瀬，2015b［p.18以下参照］）。しかし，公認心理師の共通資格を持つ専門職が各機関に所属し，専門家同士の相互連携を深めていくことができれば，相当有効な機能を果たしていくことが期待できるのではないかと思われる。この面でも公認心理師への期待は大きいというべきである。

▶文献

相原佳子（2015）司法領域における組織と機能の基礎知識．臨床心理学15-4 ; 459-463.
橋本和明 編著（2016）犯罪心理鑑定の技術．金剛出版．
廣瀬健二（2015a）知っておきたい司法・矯正領域を支える社会の仕組み――法制度・組織体系・機関連携．臨床心理学15-4 ; 435-443.
廣瀬健二（2015b）海外少年司法制度――北欧調査の一部報告．刑政126-1 ; 16-25.
等々力伸司（2015）矯正領域における組織と機能の基礎知識．臨床心理学15-4 ; 464-468.

産業・組織領域

産業・組織における連携

櫻田謙悟 Kengo Sakurada　　損保ジャパン日本興亜ホールディングス グループCEO 取締役社長

　このたびの「公認心理師法」制定にあたり，心理職の国家資格化に向けて長年に亘り尽力されてきた関係者の皆さまに深く敬意を表するとともに心からお祝いを申し上げます。すでに，臨床心理士をはじめとする多くの心理職の方が，産業現場において労働者の心の健康の維持・増進のために活躍されており，その領域も，従来からのカウンセリングに加えて，「産業医」「産業保健職」「人事労務部門」等と連携した復職支援や就労継続支援などに拡大しています。まだ記憶に新しいところですが，2016年4月14日・16日に，それぞれマグニチュード6.5，7.3の大規模な地震が九州地方で発生し，多くの方々の尊い命や住宅等が失われました。我々産業界も，被災地の復旧や事業継続支援，被災者の方が1日でも早く通常の生活に戻れるようにと尽力してきましたが，心理職の皆さんが，心身ともに疲弊した被災者の一人ひとりに寄り添い，親身に傾聴・助言したことが，どれだけ被災地・被災者の方を勇気づけたことか，我々は改めてその重要性を認識することとなりました。

　さて，少子高齢化が急速に進展する我が国で，企業および社会が持続的な成長を遂げるためには，「働き方改革」や「機械（人工知能やロボット等）との共生」を通じた生産性向上が必要不可欠となっています。高度成長期からバブル崩壊の時代までは，社員の画一性（モノカルチャー的な働き方）が企業の競争力となっていた側面がありました。ところが現在は，昨日まで正しいと信じていたものが明日には正しくないといったことが起こり得るVUCA[注]とも言われるストレスフルな時代です。このような時代に必要なことは，多様な人材から生まれる創造性や独自性であり，「ダイバーシティ」は企業が今後も成長していくための経営戦略そのものだと言えます。また，「機械との共生」によって，私たちは，人にしかできない創造的な付加価値を提供する業務に，より一層シフトしていくことが求められるでしょう。他方，このような「働き方改革」や「機械との共生」を実践するにあたっては，これまでの慣習や思考の論理，働き方・働かせ方を大きく見直す必要があり，場合によっては組織や個人が強いストレスに晒される危険があることに留意する必要があります。こうした環境変化の中では，職場のマネジメント体制を強化していくことに加えて，心理職の皆さんの支援がより重要性を増していくものと考えています。

　また，上記のような環境変化に伴い，心理職の皆さんに新たな領域として期待したいことが大きく2点あります。1点目は，「個々の特徴や能力を引き出す支援」です。メンタルヘルスの不調に悩む労働者のサポートに加えて，モチベーションの維持・向上や，創造的な行動・成果を引き出すよ

［注］VUCAとは，Volatility（変動性），Uncertainty（不確実性），Complexity（複雑性），Ambiguity（あいまいさ）の4つの言葉の頭文字を取った造語で，世界が直面している新しい環境を表す言葉です。

うな活動に期待しています。すでに，研修等でも導入されている認知行動的アプローチなどの臨床心理学の知見に加えて，ポジティブ心理学の知見を活用したサポート，個人のキャリアサポートなどの周辺領域を含めた専門性に基づく科学的なアプローチ等は，個人や組織の生産性向上に大きく貢献することでしょう。米国の先進的な企業では創造性発揮・生産性向上のために，心理学の最新の知見に基づいた研修プログラムなどを積極的に採用して成果を挙げており，日本でも，今後同様の取り組みが導入・拡大していくものと考えています。2点目は，「組織活性化に向けた支援」です。ダイバーシティは，多様化している状態をつくることが目的ではなく，それを成長・生産性向上のための原動力に変えることがより重要です。そのためには，コミュニケーションがポイントであり，個人と組織をサポートするという視点のもと，組織心理学や行動分析学などの知見を活用したアプローチや潜在化している課題を発見する役割（アウトリーチ）を発揮していただくことにも期待しています。

　生産性の飛躍的向上が強く求められるなか，解決の鍵となるのは「人材」に他ならず，労働者の心の健康の維持・増進を支える心理職の存在は，もはや企業経営になくてはならない存在となっています。今後も産業界での活躍を目指す心理職の方が増え，「個々の特徴や能力を引き出す支援」や「組織活性化に向けた支援」といった新たな領域にも皆さまが積極的にチャレンジされ，日本産業全体の生産性向上に貢献されることを期待しています。

注目の新刊

アンガーマネジメント 11の方法

怒りを上手に解消しよう

Letting Go on Anger：The Eleven Most Commonanger Styles and What to Do About Them. 2ed.

ロナルド・ポッターエフロン　パトリシア・S・ポッターエフロン［著］
藤野京子［監訳］

B5判｜並製｜176頁｜定価［本体3,400円＋税］

問題を知らせるメッセージとしての怒りを「現状を変えようとする活力」に変える！

怒りは誰にでも生じるものであり，怒りそれ自体に良い悪いの区別はない。怒りそのものは「何かが問題である」というメッセージとして生じるものであり，加えて「その何かを変えようとする活力を与える」ものである。本当の問題は，その怒りの感情をうまくとらえられなかったり，うまく処理できなかったりすることにある。

　本書『アンガーマネジメント 11の方法』では，怒りをその特長に応じて11種類に分類し，それぞれの怒りについての理解を深めていく。怒りとうまくつきあい，むしろ次なる飛躍のエネルギーへと転換するためのアンガーマネジメント・ガイド。

株式会社 金剛出版

東京都文京区水道1-5-16　Eメール eigyo@kongoshuppan.co.jp　電話 03-3815-6661　FAX 03-3818-6848

4

公認心理師と
各職域の課題

医療・保健領域

医療・保健領域と心理職

佐藤忠彦　社会福祉法人桜ヶ丘社会事業協会 桜ヶ丘記念病院
Tadahiko Satoh

I　はじめに

　2015年9月，公認心理師法が成立公布され，心理職の国家資格が実現した。心理職の方々にお祝いを述べるとともに，関係者の方々の長年にわたるご尽力に，医療・保健従事者の一人として，心より御礼を申し上げたい。私ども精神科医にとって，法律の中には理解しにくい条項も見受けられるが，医療・保健の質向上のために国家資格の制定を再優先し，今日を迎えた。今後，実りある資格に育てていくために，近く発足する「公認心理師カリキュラム等検討会」に協力し，考え方の反映に努める段階である。

　本稿では，公認心理師を迎える医療・保健一般（以下，医療・保健と表記）と精神医学・医療・保健・福祉（以下，精神科医療と表記）の現状，医療・保健提供側として国家資格の実現に努めた精神科医療団体の軌跡と問題意識，公認心理師に期待される活動，今後重要と思われるいくつかの課題に触れることとしたい。

II　激変期の医療・保健領域

　公認心理師の方々を迎える医療・保健領域は，国際的にも国内的にも激変期にあり，すべての原理，概念，方法，用語，呼称，国の政策や法制度が見直され，下記のように再構築が進んでいる。この度の公認心理師法の制定も，こうした時代が促したという見方も考えられる。

1. **疾患と障害の新たな理解**：よく知られているノーマライゼーション，エンパワーメント，QOLに加えて，ソーシャル・インクルージョン，レジリアンス，医学モデルと社会モデル（世界保健機関），などが提案されてきた。それぞれの意味は少しずつ異なるが，患者，障害者，市民（以下，利用者と表記）の生活条件や文化を整え，弱点や欠点の修正に偏ることなく，利用者固有の力を尊重する点では共通し，障害の領域から医療・保健全般の新たな原理として広まった。

2. **利用者と医療・保健療提供側との関係**：パターナリズムからパートナーシップへと劇的に変革されてきた。その内容は，情報公開や情報開示が権利として主張され，インフォームド・コンセントやインフォームド・ディシジョンと言われる自己決定権とアドボカシー（権利擁護）活動が定着したことが挙げられる。また，ピアカウンセリング・ピアサポーターといったセルフヘルプの思想も根付き，専門家と協働するまでに至った。これらの現象は，プロバイダー・オリエンテッドからコンシューマー・オリエンテッドへのパラダイムシフトとも命名され（山崎，2001），その結果，政策立案への直接参加も増え，社会参加が進んでいる。

3. **多職種協働と心理職の国家資格化**：医師，看護師のような伝統的な国家資格だけでは，医

療・保健の高度化と多様化，医療倫理と医療安全，在宅ケアや包括ケアを要請する社会のニーズに応えられなくなり，医療・保健や福祉のいわゆるコメディカルスタッフの国家資格化が進められてきた。その結果，コメディカルスタッフの専門性が高まり，職域や役割は拡大高度化して多職種協働の考え方が一般的となり，職種間の権限委譲などを意味するタスクシフティングやスキルミックスが論議されるまでになった。

心理職については，鈴木らによる厚生労働科学研究（鈴木，2004）において，その業務内容は，a）臨床インテーク，心理相談，援助業務，b）心理査定，c）心理療法，とされ，また，医療・保健，教育，産業などの現場で大きな役割を果たしており，国家資格を持たないことが問題とされてきた。

4. **障害者法制の拡大とスティグマへの取り組み**：身体・知的・精神の3障害に指定難病が加えられ，障害概念の変更拡大が進むと同時に，疾患も対象として，差別偏見，スティグマへの取り組みが政策や地域で図られている。医療・保健従事者にとっても，スティグマとセルフスティグマへの取り組みが課題となっている。

5. **医療・保健と国の財政改革**：医療・保健領域は，「改革」と同時に国の財政改革の焦点となっているため，さまざまな法制度や指針の制定が進み，医療・保健従事者と諸施設は財政と規制の「縛り」とも言えるような厳しい時代を過ごしている。日常の現場では，障害福祉サービス，介護保険サービスへの視点も欠かせない。また，施策の変更や，参入する営利企業や種々の法人の在りように常に注視しなければならない。あえて本稿で，「医療・保健，介護，障害者の政策動向」（表1）を振り返る理由である。

表1　医療・保健，介護，障害の政策動向

1994	障害者基本法
1995	精神保健福祉法
1997	介護保険法，精神保健福祉士法，言語聴覚士法
1998	社会福祉基礎構造改革について（中間まとめ）
2001	世界保健機関：国際生活機能分類（ICF）
2004	精神保健医療福祉の改革ビジョン 今後の障害保健福祉施策について（改革のグランドデザイン案） 発達障害者支援法
2005	障害者自立支援法
2006	自殺対策基本法 国際連合：障害者の権利条約
2008	安心と希望の医療確保ビジョン
2012	社会保障制度改革推進法
2013	障害者差別解消法 社会保障制度改革国民会議報告書 社会保障制度改革プログラム法
2014	医療介護総合確保推進法 第6次医療法改正
2015	認知症施策推進総合戦略（新オレンジプラン） 介護報酬改定
2016	診療報酬改定

III　精神科医の問題意識

精神科医が，心理職の国家資格化に長年にわたり時には深く関与したことには，若干の説明が必要と思われる。以下のような事情が考えられるのではないだろうか。

1. **現代精神医学と現代心理学の関係**：精神科医療が学問的基礎としている精神医学と，心理学とは，KraepelinとWundt，BleulerとPiagetがある時期ともに仕事をしたことや，精神科医であるFreudやRorschach，心理学者であるEriksonやWatsonが精神医学と心理学の双方に影響を与えたことを考えれば，学問的に最も近接領域であり，学問の出自も重なる。

2. **医療・保健の現場**：精神科医療は，診療科の中で心理職の業務役割が最も欠かせない。事実，最近の厚生労働科学特別研究（村瀬ほか（2015）平成26年度「心理職の役割の明確化と育成に関する研究」）によれば，精神科の病院と診療所を合わせると，心理職の常勤・非常勤の合計は6,030人から7,610人と推計されている。一方，全国の一般病院と医療・保健施設（精神科病院・精神科診療所を除く）では，常勤・非常勤の合計は4,394人と推計されており，精神科医療での心理職の比重が大きいことが示されている。しかし同時に，一般の診療科でも，精神医学または心身医学の観点で身体疾患を扱う事例やメンタルヘルスの問題への対応が迫られており，コンサルテーション・リエゾン精神医学の比重が高まっている。そのため，医療・保健領域で仕事をする心理職にとって，精神医学は「基礎医学」の位置を占め，医学一般の素養もまた欠かせないようになってきた。

3. **国家無資格による問題**：上記の事情により，精神科医や精神科医療に携わる関係者は，一般の診療科の専門家，利用者や国以上に，心理職が国家無資格であることにより，問題が山積していることを知悉してきた。2009年に，全国80大学精神科主任教授に対して行ったアンケートでは，90％がその必要性を認めながら，国家資格がないための問題点として，曖昧で不安定な身分，チーム医療での不明確な役割機能と責任性，資質の担保と専門性，教育研修体制の不備，診療報酬の裏付けの欠落と経済的保証の不備，医療機関の採用手控え，名称と資格の「乱立」，などが挙げられた。とくに，この「乱立」に関連して，上記の厚生労働科学特別研究では37の類似資格を数えている。また，一般の医療・保健従事者からも，医学一般と精神医学の基礎や実習の不足が指摘されており，内科医や小児科医が参加した「日本学術会議心理学・教育学委員会健康・医療と心理学分科会」（以下，学術会議分科会と表記）において，同様の指摘がされた。

Ⅳ 精神科七者懇談会・日本精神神経学会の取り組みと課題

心理職の国家資格化の経緯については，中心として尽力された林（2010）が主に精神科医療側から「心理職の資格化の現状と展望」で詳述している。林が同誌で「長い道のり」であったと述懐されてから，国家資格制定までさらに5年を費やしたことになる。林（2015）はまた，近著「公認心理師法成立」において，「2資格1法案」頓挫後の経緯を概括されている。心理側からも，経緯が報告されている（野島，2016；宮脇，2016）。ここでは精神科七者懇談会・日本精神神経学会として振り返り，課題を整理したい。

1 精神科七者懇談会とは

精神科医療側では，心理職の国家資格化について，精神科七者懇談会（以下，七者懇と表記）と所属する各団体が活動してきたが，本誌読者には若干の説明が必要と思われる。

七者懇は，1990年に，国立精神科医療施設長会議，精神医学講座担当者会議，全国自治体病院協議会，日本精神科病院協会，日本精神神経科診療所協会，日本精神神経学会（以下，学会と表記），日本総合病院精神医学会の七団体によって発足した。精神科医団体を網羅しており，精神科医のほぼ全員がいずれかの団体に所属している。日本の精神科医療に関連した重要事項について，精神科医療団体としての意見表明などを行っており，「総会」と「心理職の国家資格」，「法とシステム」，「卒後研修」，「医療経済」の各委員会が活動している。

2 「2資格1法案」の頓挫までの経緯と問題点

1960年代から，心理職の国家資格化は論議されてきたが，1986年，公衆衛生審議会の「精神障害者の社会復帰に関する意見」において，「臨床心理技術者を置くことが強く望まれた」のが公的に

指摘された始まりである。その後，1993年の精神保健法改正時の附帯決議や1995年の「障害者プラン」でも臨床心理技術者の資格化の必要性が提起され，厚生科学研究・厚生労働科学研究が積み重ねられてきた。学会は2002年頃から心理諸団体と意見交換を行い，七者懇の各団体は全国保健・医療・福祉心理職能協会（全心協）による「医療心理士（仮称）」の国家資格制度の要望書に連名したほか，2005年に結成された「医療心理師国家資格制度推進協議会」に参加して，活動を開始した。しかし，2005年に公表された「臨床心理士及び医療心理師法案要綱骨子」，いわゆる「2資格1法案」に対して，学会は下記のような要旨で反対を表明し，他の七者懇団体からも反対があり頓挫した結果，法案成立まで論議が続くこととなった。

1. 臨床心理士と医療心理師の業務の多くが医行為の一環であることが，不明確である。
2. 2つの心理職の業務役割に本質的な差はないので，格差をつける合意的根拠がない。
3. 臨床心理士の医療領域での臨床実習が貧困である。

3 「2資格1法案」から公認心理師法制定までの取り組み

学会は，「2資格1法案」が頓挫した後，それまでの活動を総括し，2007年から学会内に「心理技術職の国家資格化に関する委員会」（現在の「心理技術職に関する委員会」）（以下，学会委員会と表記）を設置して調査研究を行うことになった。その成果を，第104回学術総会（2008年）から同第107回（2011年）まで口演と3回のシンポジウムにより発表した。また，学術会議分科会が策定した「提言 医療領域に従事する『職能心理士（医療心理）』の国家資格法制の確立を」に関与して意見の反映に努めた。さらに，2016年開催の第112回学術総会では「公認心理師のこれから」と題するシンポジウムを実施して，法案成立後の課題などの検討を行った。

七者懇もまた，各団体が別個に対応してきた点を改めて，2009年から「心理職国家資格化問題委員会」（現在の「心理職国家資格問題委員会」）（以下，七者懇委員会と表記）を組織し，心理諸団体や関係者・関係団体・関係機関との意見交換や要望などの活動を続けてきた。そして，2011年10月に公表された，心理3団体による要望書「『心理師（仮称）』の国家資格制度を創設して下さい」に対して，総会で見解が承認されたことを新たな出発として，活発に活動してきた。心理諸団体が参加して設立された「心理研修センター」の役員に七者懇委員会委員も参加し，相互理解に努めている。

これまで行われた七者懇・学会の見解や要望は，心理諸団体や法制化の動きとともに示したが（表2），指摘した内容に大きな変更はない。2013年の「心理職の国家資格化に関する提言」が代表的な意見表明（表3）であり，「医師の指示」は法律に明記されたが，今後の課題は少なくない。

4 法制定後の取り組みと当面の課題

法制定後は，当面の課題として，主として公認心理師のカリキュラムについて，七者懇・学会としてさまざまな活動をしており，心理諸団体，学術会議分科会，他の診療科などと意見交換を行ってきた。2016年3月に学会が公表した「公認心理師法カリキュラム作成に際しての要望書」は現時点での代表的な意見表明である（表4）。要点の一つは，公認心理師の「汎用性」というどの分野においても，医療・保健と精神科医療が基礎となることにあり，今後開催が予定されている「公認心理師カリキュラム等検討会」での論議を期待している。

V 公認心理師に期待される医療・保健活動

筆者の専門のため，精神科医療についての論述が多いが，本稿では精神科医療と同時に身体的疾患の分野について触れておきたい。

表2　近年の七者懇・学会・心理諸団体・法制化の流れ

	七者懇・学会	諸団体・法制化
2005（1月）		医療心理師国家資格制度推進協議会設立
2005（7月）	学会：「臨床心理士及び医療心理師法案要綱骨子」（いわゆる「2資格1法案」）に対する緊急見解	
2006（10月）	七者懇：心理職国家資格法制化に対しての緊急声明	
2007（3月）	学会：心理技術職の国家資格化に関する委員会設置	
2008（〜2011）	学会総会：心理職に関する口演，シンポジウム	
2008（8月）		日本学術会議：提言 医療領域に従事する「職能心理士（医療心理）」の国家資格法制の確立を
2009（2月）		第1回心理3団体会談
2009（12月）	七者懇：心理職の国家資格化問題委員会設置	
2011（10月）		心理3団体：要望書「『心理師（仮称）』の国家資格制度を創設して下さい」
2012（〜2016）	学会：多職種協働に関するシンポジウム	
2013（2月）	総会：心理職の国家資格化に関する見解	
2013（4月）		日本心理研修センター設立
2013（9月）	総会：心理職の国家資格化に関する提言	
2014（6月）		公認心理師法案提出
2014（9月）		心理5団体：『公認心理師法案』早期実現のお願い
2014（11月）	学会：公認心理師法案の無修正成立の要望書	
2015（3月）		厚生労働科学特別研究事業：心理職の役割の明確化と育成に関する研究
2015（7月）	総会：公認心理師法案の無修正成立についての声明	公認心理師法案再提出
2015（9月）		公認心理師法成立
2015（10月）	総会：公認心理師法成立についての声明	心理3団体：カリキュラム案
2016（3月）	学会：公認心理師法カリキュラム作成に際しての要望書	日本心理学会ワーキンググループ・日本学術会議健康医療と心理学分科会：カリキュラム統合案
2016（4月）		日本心理研修センターが指定試験機関に指定
2016（6月）	学会総会：公認心理師法成立記念シンポジウム	

（註）学会：日本精神神経学会／総会：精神科七者懇談会総会（七者懇委員会発出文書は省略）／心理3団体：日本心理学諸学会連合，医療心理師国家資格制度推進協議会，臨床心理職国家資格推進連絡協議会／心理5団体：心理3団体，日本心理臨床学会，日本臨床心理士会

表3　心理職の国家資格化に関する提言

平成25年9月19日

（前文略）

1. 医療分野における心理的行為の多くは，医師が行うべき診療等の医行為に含まれるので医師の指示を受けなければならない。
2. 心理的行為は医行為と峻別できない業務が多く，また名称独占の業務となっているので，医療機関としての開業権は認められない。
3. 国家資格化に際しては，多様化する医療ニーズに対応し，チーム医療での協働をはかるために，関係者・関係諸機関と十分な協議検討を行う必要がある。
4. 教育・産業等の分野における医療との関係については，精神・身体疾患の有無の判断と責任のあり方について明確にする必要がある。とりわけ，相談者が現に罹患して主治医が存在する場合には連携・協働して対処することが必要である。主治医のみならず他の医療職種とも連携のあり方を協議検討する必要がある。
5. 教育研修体制については，学部教育において心理学科目，医療関連科目に関して，適切なカリキュラムが実施される必要がある。また，卒前卒後，国家資格取得後の研修体制を整備する必要がある。
6. 「心理師」の表記については，「心理士」とする必要がある。

表4　公認心理師法カリキュラム作成に際しての要望書

2016年3月19日

（前文略）

1. これまでの大学，大学院のカリキュラム等を抜本的に見直すこと。
2. 大学，大学院において，精神医学および医学一般についての講義，実習，医療現場研修を必修として，十分な時間数のカリキュラム等を保証すること。
3. 今後心理職の活動が大いに期待される多職種協働，地域ケアなどの新しい視点を盛り込むこと。
4. 大学卒業後，施設において業務に従事し実務経験を積んだことにより受験資格を得る場合は，その実務期間を2年として，カリキュラム等，指導者の資格等の施設基準を整備し，併せて予算措置を講ずること。
5. 心理系諸学会，心理系諸団体等，既存の民間資格を取得した方々の受験資格については，移行期の経過措置として，講習会等におけるカリキュラム等の十分な体制を整備し，質を担保すること。
6. 今後のカリキュラム等の作成作業に当たっては，本学会の考えを十分に反映していただきたく，国が審議会あるいは有識者会議のような検討のための会議を設置する際は，本学会が推薦する精神科医を委員として参加出来るようにしていただきたいこと。診療各科についても同様であること。
7. 「一般財団法人 日本心理研修センター」が試験機関，登録機関の指定を受けるようにしていただきたいこと。

1. **精神科医療分野の期待**：精神科医療分野において，公認心理師に期待される活動は，臨床心理士についてとして，本誌「特集：医療と臨床心理士」（2006）において，青木省三，成田善弘によってすでに論述されたが，ここでは，先に紹介した学会総会で行われた口演と4回のシンポジウムでの発表を振り返ることとしたい。

西園（2009）は，精神科医療の中で心理職に期待される業務として，「心理診断」，「当事者ならびに家族などへの心理教育」，「カウンセリング・サイコセラピー」，「集団療法あるいは集団精神療法」，「SST（Social Skills Training）」，「病棟やデイケアの治療的雰囲気や患者のQOLの測定」を挙げ，精神科チーム医療というシステムの中で行われる，と述べている。一方，松田ほか（2009）は，在宅や地域の精神科チーム医療の立場から，「生活場面を心理職が肌で感じるために積極的にアウトリーチすることがポイント」，「スペシャリストとしての技量を高めるだけではなく，『生活作り』の手伝いをする何でも屋であることも今後ますます大切」と指摘し，心理職には幅広い活動を期待している。

2. **身体的疾患分野の期待**：前述の村瀬ほか（2015）の研究は，身体的疾患分野が広大であ

るにも拘わらず，精神科医療分野と比べて，心理職の活動や処遇がきわめて限られていることを示している。

学術会議分科会の提言（2008）は，「精神疾患のみならず，身体的疾患の治療に伴う心理的ケアへの対応が重要視されてきた」と述べている。内科系，外科・リハビリテーション系，小児科などの診療科で，「発達障害などの子どもの問題」，「終末期医療」，「神経疾患」，「高齢者」，「エイズなどの感染症」，「代替医療」，「歯科治療」，「遺伝相談」などへの心理職の要望がますます強くなっており，多様な身体的疾患に対応する期待を指摘している。まさに，身体的疾患，心身医学とコンサルテーション・リエゾン精神医学との協働が迫られている。

VI 公認心理師の参加と新たな課題
――結びにかえて

日本の医療・保健社会と文化は，大戦後見られないほどの激変期にあり，さまざまの動向はすでに触れた。その中の主要な方法論である，多職種協働，多施設連携によるチーム医療の形成にとって重要な心理職が，医療・保健専門職としては最後に国家資格化されたこととなるが，心理職を巡る国家資格化の論議と公認心理師の医療・保健社会への参加は，新たな問題提起の契機となり，下記のような課題が顕在化した。

1. **医療現場の課題**：医師法，保健師助産師看護師法を巡る「医業」や「医行為」，「名称独占」や「業務独占」が論議された。専門性と職域を巡る競合と重複，職能資格による分業の明確化と自立性の主張などが，医療・保健の多様な展開の中で葛藤や相剋を起こす懸念がある。これは，多職種協働における主治医の責任の在り方，取り方の問題である。
2. **専門家としての課題**：「何のための資格か，何が専門性か」という根源的な課題が提起されている。心理職に限らず，医療・保健提供側のすべての専門家集団が診療科や職種を問わず，情報の共有に努めながら，利用者には生物・心理・社会モデルの立場で心身一元的に関わるべきだからである。しかし，その実践のためには，膨大な時間と負担への人的，経済的裏付けや現実的な組織論が不足しているのも現実である。
3. **科学的課題**：1977年にEngelにより創始された「生物・心理・社会モデル」は，日本では池見酉次郎ら心身医学分野で広まり，原義を離れて，医学一般への理解から精神科医療分野に適用された。それまでの生物学的医学モデルと異なり，斬新な疾病理解であり，心理職の役割の科学的根拠として新たに脚光を浴びている。しかし，原理として優れてはいても，実践的にはさまざまな困難があり，理論的にも批判があり（中前，2010），科学的な吟味が必要となっている。
4. **諸学の分岐と定立**：心理職の国家資格化を巡って，精神医学と心理学との関係が論議されてきた。公認心理師法に「心理学」が，衆参両院の委員会決議に「臨床心理学」がそれぞれ書き込まれて，改めて，精神医学，心理学の学問的定立が求められている。かつて，「異常心理学」の名によって，精神医学を語ることがあり（村上，1952；島崎ほか，1967），古くは三宅の『醫學的心理學』（1933），Janetの『心理学的医学』（1923/1981）も「心理学」の書名ではあるが，精神疾患を取り上げている。また，小此木（1979）が『医療心理学』を提唱して以降，現在は同名の専門書が多数出版されている。この動向は，諸学の分岐発展として肯定的に評価される一方，医療・保健専門職の一定の標準化のためには，学問的定立も検討されることが求められる。

いずれにしても心理職の国家資格化は，多岐にわたる課題を露わにしたこととなり，医療・保健

領域の総点検と再構築とが新たな課題である。

●謝辞

本稿は，七者懇委員会と学会委員会の協働作業の成果であり，また，学術会議分科会から多くの示唆を得ております。関係各位に深謝いたします。

▶文献

林道彦（2010）心理職の資格化の現状と展望．日精協誌 29-7.

林道彦（2015）公認心理師法成立．日精協誌 34-1.

池見酉次郎（1982）心身医学，行動医学，生命倫理．心身医 22-5.

Janet P［松本雅彦 訳］（1923/1981）心理学的医学．みすず書房．

松田ひろし ほか（2009）精神科チーム医療の視点で心理職に期待するもの．精神神経誌 111-10.

三宅鑛一（1933）醫學的心理學．南江堂．

宮脇稔（2016）医療関係資格法から見た公認心理師の位置づけ．In：山崎久美子ほか 編：保健医療・福祉領域で働く心理職のための法律と倫理．ナカニシヤ出版（印刷中）．

村上仁（1952）異常心理学．岩波書店．

村瀬嘉代子ほか（2015）心理職の役割の明確化と育成に関する研究．厚生労働科学研究費補助金厚生労働科学特別研究事業．

中前貴（2010）精神医学における生物・心理・社会モデルの今後の展望について．精神神経誌 112-2.

日本学術会議 心理学・教育学委員会健康・医療と心理学分科会提言（2008）医療領域に従事する『職能心理士（医療心理）』の国家資格法制の確立を．

西園昌久（2009）求められるチーム医療実現のために．精神神経誌 111-10.

野島一彦 編（2016）こころの科学 公認心理師への期待．日本評論社．

野村俊明，下山晴彦 編著（2011）精神医療の最前線と心理職への期待．誠信書房．

小此木啓吾 編（1979）からだの科学 増刊10 医療心理学読本．日本評論社．

佐藤忠彦（2009）アンチスティグマ活動の展開と精神保健．In：日本社会精神医学会 編：社会精神医学．医学書院．

佐藤忠彦（2011）心理職の国家資格化と多職種協働の隘路．精神神経誌 113-11.

島崎敏樹ほか（1967）異常心理学．In：異常心理学講座 第4巻．みすず書房．

下山晴彦，熊野宏昭，中嶋義文，松澤広和 編（2015）医療・保健領域で働く心理職のスタンダード．臨床心理学15-1.

鈴木二郎（2004）臨床心理技術者の国家資格化について．精神医学46-1.

山崎喜比古（2001）健康と医療の社会学の対象．In：山崎喜比古 編：健康と医療の社会学．東京大学出版会．

医療・保健領域

精神科医療

林 道彦　朝倉記念病院
Michihiko Hayashi

　平成27（2015）年9月公認心理師法が成立した。平成30（2018）年から国家試験が始まり最初の公認心理師が誕生する。公認心理師への期待と課題について考えてみる。

I　資格化までの経緯

　昭和62（1987）年，精神保健法が成立した。その法律付帯決議に「精神科ソーシャル・ワーカー等の専門家の養成とその制度化などマンパワーの充実に努めること」とあり，これを受けて厚労省内に検討会が設置された。昭和59（1984）年頃から精神科病院の不祥事が大きな社会問題となった。この時，WHOが日本の精神科医療の改善のための勧告を行ったが，その中に，精神科医療の現場にコメディカルの配置を進めるという条項があった。平成7（1995）年，精神保健法改正時の法律付帯決議に「精神保健におけるチーム医療を確立するため，精神科ソーシャル・ワーカー及び臨床心理技術者の国家資格制度の創設について検討を進め，速やかに結論を得ること」という一項が設けられ，平成9（1997）年，精神保健福祉士法が成立した。心理職については，厚労科研「臨床心理技術者の資格のあり方に関する研究」が数年にわたって続けられたが，医師の指示の文言に対して，医師の支配によって心理職の主体的専門性が損なわれるという一部心理団体の曲解から合意に達せず，医療保健心理士として資格制度を創設する方向を検討することになった。

　その後の臨床心理士及び医療心理師法案（二資格一法案）の検討と法案の頓挫については周知のとおりである。

　二資格一法案が頓挫後，心理職の国家資格化についての議論は停滞していた。しかしながら，日本精神科病院協会（日精協）看護・コメディカル委員会では，少なくとも医療分野における心理職は必要であるという共通認識があった。精神科では医師，看護師だけでなく，作業療法士，精神保健福祉士なども参加した多職種チームで治療に当たる，いわゆるチーム医療が定着してきた。チーム医療の定着とともに心理職は精神科医療の発展に欠かせない職種となる。さらに，今日の精神科医療が生物学的精神医学に強く傾斜している状況では，治療のバランスを考えると心理職の役割が重要となるからである。

　平成20（2008）年，看護・コメディカル委員会は心理団体との話し合いを再開することにした。特に，最大の心理団体である日本臨床心理士会との意思疎通は心理団体の総意を形成するためには是が非でも必要なことであった。委員会では，日本臨床心理士会，日本心理臨床学会など臨床系の団体との水面下での話し合いを行った。同時に，医療心理師国家資格制度推進協議会（推進協）にも臨床心理職国家資格推進連絡協議会（推進協）との話し合いを強く促し，ようやく両者の交渉再開にこぎつけた。平成21（2009）年，推進連，推進協，日本心理学諸学会連合の三者の会合，「三団

体会談」が正式に発足した。

心理団体の動きを受け，精神科七者懇談会は「心理職の国家資格化問題委員会」を設置，筆者も委員として参加した。平成23（2011）年，三団体要望書が公開され，平成25（2013）年，七者懇総会で「心理職の国家資格に関する見解」が承認され，医療団体の総意で資格化を推進することが決定した。その後の議員連盟の設立，法案成立までにはいくつかの山場があったが，平成27（2015）年9月公認心理師法が成立した。精神保健法成立からは20数年，筆者が資格法にかかわるようになって実に10年の歳月が経っていた。

II 精神保健におけるチーム医療の確立

精神科チーム医療は日精協看護・コメディカル委員会の長年のテーマであった。精神保健福祉法成立以後，精神科医療現場に作業療法士，精神保健福祉士などのコメディカルの参入が進み，精神科医療の質は着実に向上した。

医療界は地域医療計画の導入などの法改正で大きく変わりつつある。ひとつには，根拠にもとづく医療（EBM）の導入である。EBMの導入は，精神科医療にも影響を及ぼしている。生物学的精神医学が主流となり，薬物療法が治療の大きな割合を占めるようになった。

しかし，心理社会的アプローチが精神科医療において極めて重要なことは間違いない。精神保健福祉士が国家資格化され，精神科病院で働く精神保健福祉士は約7,000名となった。心理職は国家資格でないにもかかわらず約2,000名の人が働いているが，資格がなかったために心理的アプローチの重要性を主張しづらい立場であった。

精神科医療の現場で公認心理師に求められることは，チーム医療での公認心理師としての仕事と心理療法（精神療法），心理判定など従来からの仕事である。精神科医療の質の向上を図るという観点からチーム医療を見ると，最も求められることは，近年の生物学的精神医学に重心が移りつつある精神科医療のバランスをとることである。患者とのコミュニケーションだけでなく，患者にかかわる職員同士のコミュニケーションも大切となる。心理学の専門家としての腕の見せ所である。

チーム医療では，「多職種協働」という考え方が医療現場に導入された。目的を明確にし，各職種の専門性を発揮してチームで患者に対処する。医療安全委員会，院内感染防止対策委員会，褥瘡対策委員会などである。精神科領域では，心理職が参加しているものとして，集団療法，生活技能訓練，デイケアなどが診療報酬で認められている。今後，公認心理師が参加する「多職種協働」チームが活躍することが期待される。

III 精神科医療現場で仕事をする上での問題点

精神科医療の現場では当然精神疾患患者を対象とする。特に精神科病院では精神病者を対象とすることが多い。精神疾患患者では急性期，回復期，慢性期で対応が変わってくる。病状に応じた対応が求められる。それらは実際に患者と接しながら学ぶことが多い。

近年，精神科では外来医療のウエイトが増えた。精神科クリニックが増え精神科医療の垣根が低くなったことで受診する患者層にも変化が出て，疾患が多様化してきた。うつ病・ストレス関連疾患，薬物・アルコール依存症，認知症の増加などである。また国際分類や操作型診断分類の導入による影響も見逃せない。パーソナリティ障害，双極II型障害や，発達障害の概念は治療に大きな影響を及ぼしている。疾患の多様化は心理社会的アプローチの必要度を高めている。

従来の心理学教育では，医学・精神医学の教育に物足りなさを感じる。公認心理師は患者の治療に直接あたる職種で，精神保健福祉士以上の教育時間数を充てる必要がある。今後，公認心理師はほとんどが大学院卒となる可能性が高い。なぜなら，大学卒は無資格者なので，医療機関には無資格者を採用して自院で養成するような余裕がない。そうなると大学院課程での医療現場の実習は欠か

せないことになる。大学院課程では医学生のベッドサイド実習のようなカリキュラムができることを期待したい。

　公認心理師は全ての領域で通用する汎用性の資格とされていて，カリキュラムで多くの領域の学習が要求される。従って多くの時間を医療だけに配分することは困難となるであろう。そうすると医療については卒後研修が重要な課題となる。日本心理研修センターは指定試験機関に指定された。日本心理研修センターは，国家資格化後の専門心理職の養成や生涯教育体制の確立をめざし，主として心理三団体によって設立され，精神科医として総合病院精神医学会の中嶋義文先生と日本精神科病院協会から筆者が参加している。日本心理研修センターの卒後研修で医療領域の研修が充実できるようにしたい。

IV　診療報酬上の評価

　公認心理師の診療報酬での評価が医療への参入を大きく左右する。ドイツは日本，韓国と同じように保険診療をしている数少ない国のひとつであるが，平成10（1998）年に心理療法士として国家資格化され，今や精神科医の約3倍に増え，精神科医の仕事を補完するまでになった。精神科医が少ない，ドイツ国民が心理療法を求めている，などいろいろな条件が重なった上でのことであろうが，国家資格化され保険診療が可能となったことでドイツの精神科医療は大きく変わっている。

　公認心理師法施行は平成29（2017）年9月，最初の国家試験は平成30（2018）年4月以降となる。その後数年間は経過措置期間となる予定で，現在心理職として働いている人は経過期間中に受験し公認心理師となることができる。精神保健福祉士法施行の時の状況を考えると，経過措置の期間は新たな診療報酬加算はむつかしいであろう。「臨床心理技術者」として現在集団療法，生活技能訓練，デイケアなどチーム医療として認められている治療法が公認心理師担当と読み替えられることから始まり，医師にのみ認められている心理テスト，精神療法・心理療法のいくつかを公認心理師に認めていくという流れとなるであろう。

　精神科の診療報酬で認められている心理療法（精神療法）は，通院精神療法，入院精神療法，標準型精神分析，認知行動療法である。そのほか全科で認められているものに心身医学療法がある。自立訓練法，カウンセリング，認知療法・認知行動療法，催眠療法，バイオフィードバック療法，交流分析，ゲシュタルト療法，生体エネルギー療法，森田療法，絶食療法，簡易型精神分析療法，一般心理療法とあらゆる心理療法が含まれているが点数は80点と低い。現在のように医療費の確保が厳しい状況ではすべての心理療法が評価されるとは考えにくい。海外でも一定の評価を受けている認知行動療法，簡易型精神分析療法のように治療効果が期待される一定の心理療法に限って認められていくのではないかと考えられる。

　公認心理師が国家資格となったことを受け，これから多くの優秀な人材が公認心理師をめざし，医療分野に進出して医療の質の向上に寄与してほしいと切に願っている。

医療・保健領域

地域精神医療における心理職の役割

深谷篤史
Atsushi Fukaya

医療法人社団コスモス会 紫藤クリニック／
NPO法人メンタルコミュニケーションリサーチ

I 地域精神医療

　地域精神医療とは，地域ネットワークを活かしながら医療従事者が地域の住民に働きかけ，精神関連の問題の予防や健康の維持，治療を行っていくことである。そのために，病院や診療所内の治療だけではなく，地域に根差したアウトリーチによる活動も積極的に求められている。地域精神医療の中では，心理職は臨床心理技術者として多職種協働チームの一員として活動している。本稿では，地域精神医療における現在の心理職の役割，今後の心理職の可能性について考察する。

II 地域精神医療における心理職の役割

　地域精神医療において，心理職は医師の指示のもと，多職種協働チームの一員として活動している。現在，地域精神医療での心理職の役割は，病院や診療所内で以下の活動を行うことが主流であるといえる。
　1つ目は，心理検査補助業務である。心理検査をもとに患者のアセスメントを行い，そのアセスメント結果が診断の参考情報となり，治療の方針を方向づけるための一助となるため，重要な役割を果たす。患者のアセスメントには高い専門的知識と技能が必要となるため，その点においても多職種協働チーム内での心理職の必要性は高いといえるだろう。
　2つ目は，心理療法である。さまざまな心理療法の理論があるものの，医療現場での心理職による心理療法では，患者本人に対して専門性の高い知識と技術に基づいて対話を行い，患者の症状の除去や適応の促進を図ることを目的としている。また，患者の家族に対して心理療法を行う場合もあり，コミュニティ強化と家族訓練（Community Reinforcement and Family Training：CRAFT）などの精神疾患や問題を抱える本人を受療に繋げるための家族アプローチ（Smith & Meyers, 2012），患者への理解を深めるための心理教育，患者を抱える家族の心理的ケアを行うこともある。現状，心理療法は医師や看護師によっても行われるが，医師や看護師はその他の業務量が多く，長時間かつ複数回にわたる心理療法を行うことは容易なことではない。一方で，心理職は長時間かつ複数回の心理療法を行える立場にあり，心理療法のトレーニングやスーパーヴァイズを受けていることから，専門性の高い心理療法による治療やそれに伴う情報収集の役割をチーム内で担うことができるといえる。また，集団精神療法も同様である。医師と精神保健福祉士（以下，PSW）または心理職が集団精神療法を行い，集団の力動を活かしながら症状の除去や適応の促進を図るサポートを行っている。
　3つ目は，デイケアチームの一員として心理職が活動することである。デイケアを通して，生活習慣作りや対人関係の繋がり，社会的技能の獲得などを目指していく。治療構造やコミュニティアプ

ローチの視点，社会的スキル訓練等の技能を持った心理職がデイケアのスタッフとして参加することは，医療チーム内において患者の回復を支える一助となっていると思われる。

III　地域精神医療での今後の心理職の可能性

2017年度に公認心理師法が施行されたことで，様々な臨床領域で変化がみられるだろう。当然のことながら，それは医療領域でも起こると考えられ，心理職の雇用体制や業務内容に違いが生じてくることが予想される。

では，病院や診療所内での心理職の業務内容はどのように違ってくるだろうか。現在，心理療法は，医師による精神療法および精神分析療法，医師および看護師によるうつ病などの気分障害，強迫性障害，社交不安障害，心的外傷後ストレス障害の認知療法・認知行動療法は診療報酬として算定されているものの，心理職による心理療法では診療報酬は算定されない。公認心理師法が施行されたことにより，今後心理職による心理療法が診療報酬として算定されるようになれば，より多くの患者に心理職による専門性の高い医療サービスを提供することができるだろう。そして，心理職の心理療法が診療報酬として算定された場合，多職種協働チーム内において心理職には認知療法・認知行動療法の知識と技術が一層求められるようになることが考えられる。

続いて，地域に根差した心理職の業務としては，どのような違いが出てくるだろうか。現在，包括的地域生活支援（Assertive Community Treatment：ACT）が注目されている。ACTとは，保健，医療，福祉にわたる包括的なケアを，多職種のチームアプローチで集中的に提供する援助方法（大島，2004）であり，アウトリーチによる支援が行われる。アウトリーチによる支援は，病態が重い状態にある患者や治療が中断された患者，受療する必要があるが受療の動機づけが低い状態にある者などに対して有効であるといえる。例として，ひきこもりが挙げられる。厚生労働省（2010）によれば，ひきこもりとは，「様々な要因の結果として社会的参加（義務教育を含む就学，非常勤職を含む就労，家庭外での交遊など）を回避し，原則的には6カ月以上にわたって概ね家庭にとどまり続けている状態（他者と交わらない形での外出をしていてもよい）を指す現象概念である」と定義されている。近藤（2009）によると，来談したひきこもり当事者の125件中，統合失調症・気分障害・不安障害などを主診断とする群が39件，何らかの発達障害が関連している群が41件，パーソナリティ障害が関連している群が49件であったことが報告されている。また，野中・境（2014）の調査では，ひきこもり当事者のQuality of life（QOL）が低いことを報告している。これらの報告から，ひきこもり当事者の精神衛生は十分にはわからない面があるものの，精神医学的問題を抱えているのにもかかわらず受療に至っていないケースが多いと考えられる。そのため，アウトリーチによる支援や，状態に応じて受療を促すことが必要である。

現在，アウトリーチとして，医師の訪問による在宅精神療法，看護師による訪問看護，PSWによる訪問が診療報酬として算定されており，特にコメディカルがアウトリーチを主に行なっている状況にある。しかし，心理職による活動は病院，診療所内での活動に留まり，アウトリーチを行なっている精神医療機関はほとんどみられないだろう。では，心理職がアウトリーチを行なうことができるとすれば，地域精神医療において心理職がどのような役割を期待され，どのような役割を果たすことが可能になるであろうか。

1つ目は，アウトリーチを行う際のケースマネジメントである。齋藤（2012）が報告するように，ひきこもり当事者を訪問する際，訪問支援者に対して抵抗を示し，継続的な関係を持つことが困難なことがある。そこで，アウトリーチを行う際には，家族－ひきこもり当事者－訪問支援者の三者関係をマネジメントしていく必要がある。三者関

係をアセスメントしながら家族を通してコミュニケーションを図り，ひきこもり当事者と継続的に会える関係を築いていけるようにマネジメントするスキルが心理職には求められる。また，心理職がひきこもり当事者と継続的な関係を持つことができれば，心理職を通してその他の医療従事者の訪問支援も行いやすくなり，多職種とひきこもり当事者を繋ぐ役割を担うことができるだろう。

2つ目は，訪問による心理療法である。ひきこもり当事者は治療への動機づけが低いため心理療法を適用しにくい面があるが，家族にCRAFTを実施しながらひきこもり当事者に訪問による心理療法を行なったり，ひきこもり当事者に対して動機づけ面接法を用いるなど，心理療法への動機づけを高める余地はあると考えられる。そのため，心理職には心理療法への動機づけを高める技術，心理療法の技術が求められる。実際に，アウトリーチによる認知行動療法を実施した事例も報告されている（Pinninti et al., 2014）。

3つ目は，薬物療法が必要な場合に受療を促すことである。家族と心理職ではひきこもり当事者との関係が異なり，家族からの受療の促しには応じないが心理職からの受療の促しには応じるということもあり得る。また，心理職が精神医学的な心理教育を行うことにより，受療の動機づけを高めることもできる。なお，筆者が所属するNPO法人メンタルコミュニケーションリサーチでは，ひきこもりへのアウトリーチを行なっており，心理職からの促しにより受療に至った事例がみられる。

以上のように，多職種協働チーム内での心理職のアウトリーチは，ケースマネジメントおよび他の多職種と本人を繋ぐ働き，心理療法，受療の促しという役割で活動できる可能性があるのではないだろうか。公認心理師法が施行されたことで地域精神医療での心理職の役割が広がり，病院や診療所内の活動だけではなく，アウトリーチを通してより多くの地域住民に心理的支援が届くことを願いたい。

▶文献

近藤直司（2009）ひきこもり．精神科臨床サービス9-4.

厚生労働省（2010）ひきこもりの評価・支援に関するガイドライン．

野中俊介，境泉洋（2014）ひきこもり状態がQuality of lifeに及ぼす影響．心理学研究85-3；313-318.

大島巌（2004）ACTケアマネジメント ホームサービス――精神障害者地域生活支援の新デザイン．精神看護出版．

Pinninti NR, Schmidt LT & Snyder RP (2014) Case manager as therapy extender for cognitive behavior therapy of serious mental illness : A case report. Community Mental Health Journal 50 ; 422-341.

齋藤暢一朗（2012）不登校・ひきこもりへの訪問援助に関する一考察――三者関係構造によるつながりの再構築．カウンセリング研究45-2；89-98.

Smith JE & Meyers RJ［境泉洋，原井宏明，杉山雅彦 監訳］（2012）CRAFT 依存症患者への治療動機づけ――家族と治療者のためのプログラムとマニュアル．金剛出版．

医療・保健領域

総合病院

中嶋義文　三井記念病院
Yoshifumi Nakashima

　一般病院（旧医療法上の総合病院）においては，急性期・慢性期の身体疾患治療が行われている。身体疾患を持つことから直接・間接的に心理的な変化が生じるのみならず，心理面の状態は身体疾患そのもの，ないしその治療に影響する。前者の例としては，せん妄や不安・抑うつ，後者の例としては，心身症や治療に対する非協力や非同意，逡巡や後悔などがあげられる。症状性精神障害といわれる身体疾患による精神障害（甲状腺機能障害やSLE精神障害など）や治療薬による薬剤性精神障害（ステロイドや化学療法薬など）もある。これらの身体・心理の関係は医療の現場で日常取り扱われているが，一般病院に勤務する精神科医や心療内科医のようなこころの専門医の数は少なく，非専門医や看護師，ソーシャルワーカーのようなメディカルスタッフによって日常臨床で取り扱われている現状がある。一般病院によるこころの専門家のニーズは大きいにもかかわらず，そのニーズに応えられる専門家数は充足していない。一般病院で働く心理職への期待がそこにある。

　それでは現状はどうであろうか。一般病院は全国に約7,500あり，平成26（2014）年度に行われた調査（平成26年度厚生労働科学特別研究事業，2015）によれば，約2,400人の常勤心理職が勤務していると推定されている（表1）。常勤・非常勤を問わずこれらの心理職の8割が女性であり，30歳未満が20%，30〜35歳未満が25%，35〜39歳未満が20%（医療保健領域臨床歴は5年以下が38%，6〜10年以下が30%）と比較的若く，ほとんどが臨床心理士資格を持って働いていることが明らかとなっている。所属組織は30%が精神科，心理相談部門で独立しているのが12.4%，小児科（11.4%）やリハビリテーション科（5.5%），緩和ケア科（4.8%），神経内科（4%），心療内科（3.8%），周産期母子医療センター（3.5%）など関連する科以外にも，看護部やがん相談支援センター，地域医療福祉連携相談などその他の診療支援部門の所属も12.4%と多い。メディカルスタッフとして働く他の職種はすべて国家資格であるのに対し，心理職は公認心理師法成立まで国家資格がなかったため，身分保障や処遇面で不利を被っており，事務職として雇用されている場合も多かった。公認心理師として身分保障が行われると処遇面での不利は現状より改善されることが期待されている。

　表2に一般病院において実施している業務内容

表1　医療領域の心理職の現状
（平成26年度厚生労働科学特別研究事業，2015）

施設種別	施設数	推定常勤者数
一般病院	7,500	2,400
精神科病院	1,200	3,200
精神科診療所	1,600*	700
一般診療所	100,000	NA

*日本精神神経科診療所協会加盟施設，精神科標榜は6,000施設

表2　一般病院における業務内容（$n = 631$）

実施している業務内容（複数回答可）	人数	割合
心理検査・アセスメント	562	89.1%
個人心理面接（家族面接・心理教育を含む）	562	89.1%
カンファレンス参加	526	83.4%
リエゾン活動（院内での他部門との連携）	466	73.9%
医療チームへの参加	451	71.5%
コンサルテーション	432	68.5%
機関内スタッフに対する研修・講義	388	61.5%
研究活動（院内または多施設研究への参加）	328	52%
職員メンタルヘルス活動	311	49.3%
実習生（心理職に限らない）・研修医指導	251	39.8%
集団療法（グループワーク・デイケア含む）	214	33.9%
地域支援活動（アウトリーチ・訪問を含む）	146	23.1%
その他	116	18.4%

とその割合を示す。心理検査・アセスメントや心理面接のみならず，カンファレンス参加やリエゾン活動，医療チームへの参加などチーム医療での役割，教育・研修，病院内の産業保健活動，地域支援活動などコミュニティ支援までさまざまな役割をこころの専門家として実行していることが分かる。表3にはその詳細を示した。

それではこのような多様な役割を請け負っている一般病院において心理職に求められる知識・技能とは何であろうか。われわれはコンサルテーション・リエゾンを中心とした400時間程度のインターンシップを修士卒レベルの心理職に対して提供しており，その経験から一般医療における心理職教育・研修について提言を行っている（中嶋，2015；冨岡・中嶋，2013）。インターンシップ修了生のほとんどが専門的な医学知識の不足に不安を訴えているが，現代の医療は高度専門化・細分化しており，ある領域の専門医が他の領域の専門医療について詳細に承知することは不可能になっている。したがって，一般病院における心理職にとっては，基本的な医療に関する知識を持っていれば十分であろう。公認心理師は領域横断的な名称独占資格であることを鑑みれば，すべての公認心理師が医療・保健領域における基本的な医療に関する知識・技能を持つことが望まれる。それは，医療を規定している法律（医療法・医師法）の存在に関する知識や，医療文化に関すること（保険医療の仕組みや地域包括支援など医療体制の知識，医療安全・感染制御の知識・技能）などであろうし，当事者（患者）＝非専門家／素人目線での医療知識であろう。それに加えて一般病院においては，身体－心理－社会－倫理的観点（Bio-psycho-social-ethical Model）や疾病・特性・行動・人生の観点（Perspective Model）やEBM（Evidence-Based Medicine）など複合的な視点からクライアントを理解する多角的理解力，医療の現場における力動理解と協働能力，治療中で疎通困難な患者との疎通能力などが必要とされている。

一般医療，チーム医療の現場は，患者を運ぶボートに多職種が乗り込み力を合わせて激流を下るラフティングのようなものである。乗り込むそれぞれの専門職は手に櫂（OAR）をしっかり持っていなければならない。このOARが一般病院で働く心理職にとってもっとも大切なものであると私は

表3 心理職の所属機関と業務内容

所属機関	職名	業務内容
病院・診療所	臨床心理士	心理検査（発達検査・認知機能検査・人格検査など）
	臨床発達心理士	心理査定／アセスメント（行動観察含む）
	心理士	心理療法（個人・家族）・遊戯療法
	心理療法士	心理教育（個人・家族）
	心理技術職	集団療法
		集団精神療法
		SST
		心理教育プログラム
		特定領域の治療・リハビリプログラム
		思春期
		依存・嗜癖
		認知症（回想法など含む）
		がん
		慢性疾患（糖尿病，心疾患，HIVなど）
		デイケア・ナイトケア
		チーム医療
		多職種とのカンファレンス
		緩和ケアチーム
		リエゾンチーム
		認知症ケアチーム
		特定の疾患に関する医療チーム参加（糖尿病など）
		コンサルテーション活動
		リエゾン活動（特定領域の全例面接含む）
		地域・関連機関との連携
		自律訓練法・リラクゼーション指導
		医師の診療補助
		予診
		診察補助
		職員のメンタルヘルス支援
		職員の教育・研修
		院内の啓発活動
		電話相談・相談窓口
		自殺予防・対応
		事例検討
		スーパービジョン
		研修医指導，実習生指導
		臨床心理学的研究，学会活動，研修講師

表3 心理職の所属機関と業務内容(つづき)

所属機関	職名	業務内容
小児専門病院	臨床心理士 臨床発達心理士 心理士 心理療法士 心理技術職	心理検査
		発達評価
		発達相談
		心理面接
		心理療法
		保護者への面接
		NICUでの母子評価・面接
		がん患者・家族の相談・援助
		慢性疾患を持つ子ども・家族への心理的援助
		遺伝疾患を持つ子ども・家族への心理的援助
		多種職集団外来
		病棟回診への同行
		コンサルテーション
		多種職カンファレンス
		他機関合同カンファレンス
		学会発表・研修・講演

考えている。

O:Open(開放性)開かれており,閉じていないこと。
A:Available(利用可能性)必要があるときにそこにいて役割をはたすこと。
R:Responsible(責任性/専門性)専門家として責任を示すこと。

この3つは一般医療における心理職にとって重要であるだけでなく,公認心理師を名乗るすべての専門職に必要な資質であろう。

▶文献
平成26年度厚生労働科学特別研究事業(2015)心理職の役割の明確化と育成に関する研究.
中嶋義文(2015)チーム医療——コンサルテーション・リエゾン.臨床心理学15-1 ; 34-38.
冨岡直,中嶋義文(2013)総合病院での心理職の訓練システム.臨床心理学13-1 ; 101-106.

医療・保健領域

精神保健福祉センターと保健所

邑口紀子　東京都立精神保健福祉センター
Noriko Muraguchi

德丸 享　板橋区保健所
Akira Tokumaru

I　精神保健福祉センター

　精神保健福祉センター（以下，「センター」という）は，精神保健福祉に関する技術的中核機関として，地域住民の精神的健康の保持増進，精神障害の予防，適切な精神医療の推進ならびに社会復帰の促進，自立と社会経済活動への参加の促進のための援助を総合的に推進することを目標に，各都道府県と政令指定都市に設置されている。保健所および市町村が行う精神保健福祉業務が効果的に展開されるよう技術援助を行うとともに，医療，福祉，労働，教育，産業などの関係機関とも緊密な連携を図りながら，精神保健福祉相談，普及啓発，組織や人材の育成，調査研究などの事業を行っている。また，精神医療審査会の審査に関する事務，自立支援医療および精神障害者保健福祉手帳の判定もセンターの業務に位置付けられている。

　地域の関係機関から求められるセンターの役割のひとつに，複数の問題が混在するケースの支援における助言や技術協力がある。センターには，医師，保健師，看護師，精神保健福祉士などの福祉職，作業療法士，臨床心理技術者などさまざまな職種が配置されており，それぞれの職種の専門性を生かしながら，地域の支援者が見通しを持てるように課題を整理し，必要に応じてケースの直接支援にあたる。精神疾患が疑われる方で，未治療や治療中断のために地域生活が困難になっている場合などは，入院を解決のゴールにするのでなく，生きがいや張り合いをもって地域生活が継続できるよう，本人や本人を取りまく環境の「ストレングス」を見つけていく支援を多職種が協働して行う。複数の課題を抱えたケースは，おのずと関わる支援機関も多くなる。そのネットワークづくりのサポートもセンターが果たすべき役割である。センターで働く心理職には個の支援にとどまらず，地域援助の視点も求められる。

　近年のセンターが行う精神保健福祉相談の動向としては，統合失調症やアルコール依存などに加えて，ひきこもりや発達障害，薬物依存などの相談が増加している。センターにおける相談業務は，問題を整理して適切な医療機関や相談機関につなぐことが主な役割であるが，地域の支援者や回復者の協力を得ながら，本人の回復を支えるためのグループや家族教室なども行う。心理職のスキルとして，精神疾患の基礎的な知識を身に付けていることや発達理論に基づく見立てができることは言うまでもないが，家族力動のアセスメントや，グループワークの技能も求められるところである。来談者の方一人ひとりが尊重される体験を通して，少しずつ自身の課題に向き合う力を取り戻していけるよう，常に個別面接やグループ運営の質の向上に努めなければならない。

　各自治体が取り組む精神保健福祉施策においては，地域特性を踏まえた助言や技術協力を行うことが求められる。例えば，自殺対策関連事業では，

自治体によって若年層の支援に力を入れているところもあれば、中高年のハイリスク者の発見に力を入れているところもある。また、医療機関との連携体制の中で未遂者支援を始めたところもあれば、まだ自治体の中でシステム作りが必要という共通認識に至っていないところもある。新規事業の立ち上げの際に、どのような情報があるとよいか、研修はどこに力点を置いて企画したらよいかなど、地域のニーズに合わせて幅広い視点で支援できるよう、日頃からの情報収集と分析が大切である。

このように、センターで働く心理職の役割は、コミュニティの中で専門性を発揮していく側面が大きい。他の職種とともにケースの生活支援を行うとき、職種による役割の違いが明確でないことも多い。一方で、近年、メンタルヘルスへの関心が高まる中、「こころの専門家」として他の職種から意見を求められることも増えた。自殺対策、災害時のこころのケア、労働者のメンタルヘルスなど、各自治体とともにセンターが取り組むべき重要課題は多い。また、支援者のメンタルケアも大切な視点である。公認心理師という国家資格を得て、センターで働く心理職は、多機関、多職種協働の地域精神保健福祉の中で、自分に何を求められているかを幅広い視点をもってとらえていく力が一層求められるであろう。

（邑口紀子）

II 保健所

保健所は、地域保健対策の推進を図ることを目的として、都道府県や政令指定都市、中核市、保健所政令市および特別区が地域保健法に基づいて設置している。同法第6条では、栄養改善や母子保健、食品衛生や水道、医事薬事など14事項をその業務として挙げているが、そのひとつに精神保健に関することがある。保健所の精神保健業務は、長く統合失調症やアルコール依存症などに起因する問題への危機支援、精神科救急に関すること、そして、精神障害者の地域生活をサポートするためにデイケアを実施したり、「作業所」につなぐことが仕事の大きな柱であったが、心の健康に関する問題の多様化や障害者法制の整備、保健所を設置する自治体の特徴などによってさまざまな変化が生じている。

例えば、精神障害者の社会復帰対策は、平成18（2006）年に施行された障害者自立支援法（現障害者総合支援法）により、障害福祉サービスの利用に関することは市区町村の役割となり、市区町村保健センターが実施することとされたため、保健所は精神保健福祉センター同様、市区町村保健センターをサポートする役割となった。一方、自殺対策基本法が施行され、多くの自治体の保健所が対策に取り組むようになっている。また、精神科病院を指導する立場にある県型の保健所などにおいては、長期入院患者の地域移行（退院促進）の推進が大きなテーマとなっている。

このような変化の中で、保健所に求められるニーズは、精神保健福祉センター同様、統合失調症やアルコール依存症に関する相談だけでなく、うつ病やひきこもり、アルコールをはじめとするアディクション、発達障害などに関する相談支援に広がっている。保健所の属性・特徴によってニーズも実施事業も異なるが、課題と事業の具体例を挙げるならば、うつ病・躁うつ病の支援では、患者を支えている家族に対するサポートを行うための家族教室、若者のひきこもりへの支援では、まずは相談窓口を設置すること、そして家族がこの問題に粘り強く対応していくことを支えるための家族グループ、広がりつつあるアディクション問題については啓発や自助グループとの連携、大人の発達障害では、医療機関や就労支援サービスにマッチしない場合の個別相談やグループワークなどの支援体制づくりを挙げることができよう。このようにこころの健康に関する問題は多様化しており、さらにこれらが個人の単位、家族の単位で複合化している事例が増えている。例えば、うつ病家族教室では、うつ病の発症前から大量飲酒があったことが明らかになることや、家族の中にも

う一人別の患者がいることもある。アルコール問題の相談では，子どもがいる家族であれば養育や安全の確認が課題となる。ひきこもりの支援では，本人に目立たない感情障害や発達障害があったり，家族のアディクション問題などが隠れていることもある。複雑困難性が増している近年のこうした課題に対処していくためには，支援に携わる職員の幅広い知識と確かな支援技能が要求される。

厚生労働省ホームページによれば，平成28（2016）年4月現在，保健所は全国に480所，市区町村保健センターは2,466所となっているが，精神保健に関する業務は，保健師や精神保健福祉相談員として配置されている精神保健福祉士が担っており，常勤の心理職が配置されている保健所・保健センターはほとんどないと言ってよいだろう。心理職は，母子保健における発達支援か，もしくは精神保健における専門相談やグループワークに非常勤職員として携わっている場合が多いと思われる。非常勤職にはその仕事に専念できるという良い点もあるが，事業に継続的にかかわって評価や改善に関与したり，他の事業との連携協働を模索したりといったチャンスはほとんどない。このことはたいへん残念であり，今後公認心理師が誕生することにより，常勤の地方公務員として精神保健の施策に関与できるようになることを期待したい。常勤職公務員として公認心理師がその専門性を発揮していくためには，一般行政職や他の専門職と協調し，その上で心理職の専門性を発揮していくことが求められる。非常勤職の立場での専門性と常勤職となったときの専門性は必ずしも同じではないことを一人ひとりが学習するとともに，公認心理師という職種として行政組織・社会制度の中に専門性を浸透させていくノウハウを蓄積していくことも必要だろう。相談者に対して心の通う支援をすると同時に，さまざまな新しい課題，今日的な課題に対応していく施策を心理支援の観点から提案し，実現していくことも国家資格である公認心理師の使命ではないだろうか。

（徳丸 享）

福祉領域

福祉領域における心理専門職への期待

日詰正文　厚生労働省 発達障害対策専門官
Masafumi Hizume

I　はじめに

　福祉領域は，野球でいえばキャッチャー，サッカーやアイスホッケーでいえばゴールキーパーの姿に似ている。例えば，保育所・幼稚園，学校，職場に通っている時間以外の夜間や休日の生活部分に対して主に視野を向けていて，さまざまな支援分野を後ろから支えているところがある。また，学校を卒業して一人暮らしを始める場合，病院や矯正機関などから普通の地域の暮らしに移行する当事者（ストライカー，バッター？）や居場所（ホームベース，ゴールマウス？）に近いところにいる。また，学年や職場の変化にかかわらず継続的なかかわりをすることが多いところも似ている。心理職は，このような福祉領域の中で多職種を後ろから支え，対象者の懐に入るキャッチャーの中のキャッチャー，キーパーの中のキーパーとも言えそうである。

II　福祉のカバーする領域

　一口に福祉といってもさまざまな分野がある。子どもが健やかに育つ環境を確保する児童福祉，青年期以降の挫折や再チャレンジ，生活維持を支援する若者支援や社会福祉，高齢期特有の生きがいや健康の管理をサポートする老人福祉や介護サービスといった年代に沿ったもの，そのほかに障害特有の課題に家族や当事者が前向きに取り組むことを支援する障害福祉などがある。細かく見ると，就労移行訓練（原則2年間）など期限を区切って提供されるものもあれば，施設入所支援のように比較的長期にわたるものもある。重度訪問介護など一定の障害の状況にある者にしか提供できないものもあれば，相談支援のように当事者以外の家族などの相談にも応じられるものもある。さらに制度の改訂も時々行われるので，福祉分野全体を把握することは簡単ではない。

　このような福祉分野全体の動向を確認するためには，厚生労働白書（厚生労働省のホームページに掲載）において確認することができるので参照されたい。現代は，医療や福祉等の分野も含めて，少子高齢化の進む社会全体の状況に対応する人材の量と質の確保，縦割り専門分野の包括化と効率化に，地域特性に合わせて取り組むことが柱となっており，さまざまな法制度等が構築されていることが把握できるだろう。

III　オーダーメイド支援の時代

　集団対応の機会の多い福祉分野の現場でも，近年は支援を必要とする当事者の状態・段階によって，支援制度の情報提供，提供可否の判断，個別化された配慮，支援の引継ぎなどがオーダーメイドで行われるようにするための体制づくり（計画の作成やモニターの実施）が進められている。具体的には，相談支援事業やケアマネ等の名前で呼ばれる人材の育成や配置である。

　オーダーメイドの支援計画が実際に提供される

ことによって，ユーザーにとっては，①一人ひとりの職員の思い付きによる支援ではなく，複数の職員が一貫した支援を受けること，②災害や健康不良，その他の緊急時に迅速確実に必要な支援が行われること，③地域移行（入院・入所施設からグループホームや自宅など），就労等にチャレンジするための時間的な見通しを持つことなどが可能になる。

このように，福祉分野ではライフサイクルをある程度長くとらえて支援を行う能力や，地域でどのような事業所がありどのような支援が行われているかという点に関心を持ち，相互に情報交換や意見交換，事理検討ができる協議会（要保護児童対策，障害者総合支援，子ども若者育成支援，発達障害者支援対策などさまざまな機会があるはず）に参加する姿勢が求められている（ただし，上記のような協議会の設置をどのようにするかは，自治体の裁量に任されているため，該当する自治体のホームページなどで公表されている設置状況や開催状況をご確認いただきたい）。

IV　心理専門職への期待（1）
——他の福祉職の見落としている点に気づく

福祉分野において心理専門職に期待される内容として，まずは，対象者との面接や検査，観察等から生活を支援するための配慮内容を抽出し（いわゆるアセスメント），支援チームと共有することが重要となる。このアセスメントについては，多領域の関係者ともつながって支援をしていかなければならないことや，サービスの提供の是非を行政的に客観性・公平性をもって判断するために役立てられることを踏まえれば，標準化されたものを利用することが最低限求められる。しかし，これまで福祉現場では有効なアセスメントの利用がされずに経験論に基づいた取り組みが多かったため，知識や技術の体系化が十分に進められてきたとは言えない。

例えば，発達障害のある人の場合には，現在の人間関係や過去の体験云々といった理由ではなく，音や人の動き，温度などへの感覚的な鋭敏さや鈍感さがあり，認知するまでの時間が通常の人よりも短すぎたり長すぎたりするといった理由で集団参加を回避することがある。また，適応状況の聞き取りに際して，多動ではなくても横断歩道や駅のホームでフリーズして立ち止まってしまうというような場合も対応が必要であるが，見落とされがちである。

このような特性に注目しないまま，性格や育児に原因を求める支援現場はいまだに存在している。当事者や家族がどこにいても，現時点で標準的なアセスメントを受け，適切な支援が受けられるために必要となる判定（例えば，障害福祉サービスを受ける際に市町村が行う障害支援区分の認定調査，精神保健福祉手帳や障害年金用診断書の作成など）を行う際に，「感覚」「認知」など目に見えにくい人間の機能について関心を持ち，教育や研修を受ける機会の多い心理専門職の存在が重要になっている。

- 発達障害の分野のアセスメントについては，平成24（2012）年度の厚生労働省障害者総合福祉推進事業においてまとめられた「発達障害児者支援とアセスメントに関するガイドライン」を参照されたい。
- 「感覚の問題」「読み書き」「集団参加」については，平成26（2014）年度から障害支援区分認定調査の項目に追加している。
- その他，発達障害者の日常生活上の困難さを確認する視点については，平成21（2009）年度の厚生労働科学研究奥山班「発達障害者の新しい診断・治療法の開発に関する研究」を参照されたい。

V　心理専門職への期待（2）
——他の福祉職とは異なる角度から当事者にアプローチ

福祉分野では，認定，訓練，介護，給付を行う立場の役割など一定の距離を置いた姿勢を求めら

れることが多く，職員はとにかく何かを提供し，その結果，当事者は受動的な姿勢になることが多い。特に，自分からメッセージを表現することに困難さを抱えている障害者についても，家族の代弁のみではなく，できる限り本人の意思確認を行う支援が課題となっている。

例えば，手話や福祉機器などのさまざまな媒体の工夫，適切な選択肢の提示などが考えられるが，単なる手段の問題ではなく，意思を表現しやすい信頼関係や環境の設定などが福祉現場でも重要である。しかし，福祉分野では，「指導」「給付」といった垂直関係が意外に多いので，意思確認の時だけ水平関係の対話や寄り添いなどに切り替えることは容易ではない。そのため，傾聴などのトレーニングを受けている心理職が当事者にアプローチすることが期待されている。その延長で，家族同士の助け合い（例：ペアレント・メンター），当事者同士の助け合い（例：ピア・サポーター）などの水平関係のグループを立ち上げることも，同じく期待されるだろう。

- 意思決定の支援を含め，一般的に障害者に対する配慮については，平成28（2016）年度から施行されている障害者差別解消法に基づいて作成された対応要領を参照されたい。
- ペアレント・メンターやピア・サポーターの取り組みを実施する場合は，障害者総合支援法の地域生活支援事業（補助金事業）を自治体が活用できる。詳細は厚生労働省ホームページの地域生活支援事業の部分を参照されたい。

VI おわりに

キャッチャーやゴールキーパーは，時として危険が伴う過酷なポジションのため，マスクや手袋などを身に着けている。福祉分野にそういった特殊な防具としては，多職種との協力・役割分担を実現するケースワークの力ということになるのかもしれない。

優れたキャッチャーやゴールキーパーのいるチームが安定したチームになるように，全体的な視野をもって，さまざまなことに気を配りながら必要なときに必要なサポートを行うことができる福祉領域の心理職が存在する地域では，住民に落ち着いた生活をもたらすことができるだろう。

福祉領域

児童福祉・社会的養護

加賀美尤祥　社会福祉法人 山梨立正光生園／山梨県立大学
Yusho Kagami

I　はじめに

　我が国の子ども・家庭の社会的養護は、1945年終戦後の戦災孤児保護にはじまった。1947年制定の児童福祉法はこれを法的に裏づけ、以来、社会の中で何らかの問題を抱える子ども家庭の保護を中心とするパラダイムが、児童相談所をはじめとする児童福祉施設、里親などの仕組みを主体として形成された。それはその後も時代の変動の中で部分修正はあるものの、理念や構造など大きな変革はなく今日に至っている。

II　近代化と子ども家庭

　しかし、1960～70年代の高度経済成長期を境とする我が国の近代化は、社会構造(経済、人口、家族)を大きく変えることになった。特に、人口移動による都市部の過密化と農山村地帯の過疎化はそれぞれのコミュニティを著しく崩壊させていった。とりわけ、近代工業化社会の担い手として都市部に集められた金の卵と称された中卒児たちが、成人し一斉に家庭を築くや、わが国の核家族は全家族数の3分の2を占めるほどに拡大した。当然のことながら、この時代以降核家族の養育機能の脆弱性から、子どもの養育不全や家庭崩壊などを徐々に進行させることになった。その当初は、母親の育児ノイローゼによる子どもへの折檻、母の蒸発による子どもの置き去り、さらには、コインロッカー事件といった子捨て子殺し事件も多発し、社会的養護の場は、戦災孤児に代わって、親がいるのに子が育てきれない新たな要保護児童の入所が拡大増加していった。

　70年代に入り、米国に次ぐ経済大国と喧伝され始めた頃になると、急速に高学歴化が進行し、かつて高度経済成長期を担ってきた中高生の労働市場への参入は急速に減少していった。このため、国は女性の社会参加を促すべく施策転換を図り、全国市町村津々浦々に2万3千カ所もの保育所を設置し、労働市場に多くの母親を送り込むことになった。以来、我が国の0～6歳の乳幼児が日中親以外の他者(保育者)に養育を委ねる家庭養育の外在化が拡大定着していった。加えて、高学歴化の進行は、子どもの教育費捻出のため、母親を労働市場へ駆り立て、家庭における親子の対面通路をさらに狭隘化していった。

　こうした流れの中、60年代に乳幼児期を過ごした子どもたちが中学期を迎え、中学生を中心とする逸脱不適応行動が全国で爆発的に蔓延し、いわゆる非行の低年齢児化時代と称された。テレビドラマ『積み木くずし』が一世風靡した頃であった。これ以降、中学校を中心に学校内暴力、いじめ、いじめによる自殺、不登校問題が常態化して行くことになる。これらのことから、小中学校にスクールカウンセラー(心理職)が置かれることになった。

　一方、社会的養護施設はこうした学校不調なども加わって、中学生など、高学齢児の入所が増加

し，子どもが抱える発達課題から施設内養育困難が次第に増幅していった。

この時代，都市部の一部社会的養護の場に心理職の導入が散見されている。

Ⅲ 家庭内子ども虐待の顕在増加と社会的養護

1990年代に入り，70年代すでに欧米で顕在，増加し社会問題となっていた「家庭内子ども虐待」の情報や概念が我が国に流入した。その後の有識者を中心とする虐待防止活動や，堰を切ったようなマスメディアによる「子ども虐待事件」の報道は，2000年の議員立法による「児童虐待防止等に関する法律」（以下，児童虐待防止法）の制定につながった。

児童虐待防止法の制定は，家庭内子ども虐待をさらに顕在増加させる結果となり，図に示すように児童相談所への虐待通告数は右肩あがりに増加し2014年には88,931件に達している。こうした状況から，児童相談所は虐待対応に追われ恒常的な麻痺状態が続くことになった。一方，虐待を受けた子どもの分離保護の受け皿である児童養護施設なども，満床状態に加え，子どもの抱える発達課題の重篤化から慢性的養育困難状態による混乱混迷が続いている。さらに，虐待を受けた子どもの増加は，社会的養護施設の全ての種別施設に虐待を受けた子どもが存在する結果となったため，各施設間の専門性（役割・機能）のボーダレス化を進行させることにもなった。

児童虐待防止法制定への声が聞こえはじめた1995年，福岡市で，施設入所中の児童が職員から暴力を受ける，いわゆる「施設内虐待」事件が報道された。これを皮切りに東京，千葉，神奈川，埼玉と「虐待を受け子どもが施設で虐待されている」との報道が続き大きな社会問題となった。これも「家庭内子ども虐待」という近代化に伴う社会構造の変動を起因とする「養育の問題」に対し，戦後直後に形成された「保護を中心」とする旧態依然たる社会的養護の仕組みで臨まざるを得ない結果といっても過言ではない。すなわち，大勢の子どもを一舎で保護する大舎制，あるいは子ども6人に職員1名という貧困な職員体制などなどである。

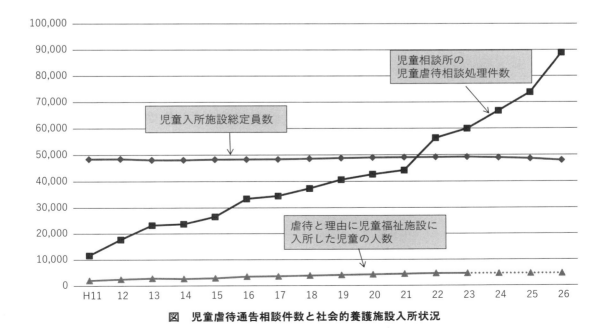

図　児童虐待通告相談件数と社会的養護施設入所状況

こうした現状に対し，社会的養護児童の8割以上が生活する児童養護施設の組織である全国児童養護施設協議会（以下，全養協）は，2003年子ども虐待の急増する中，社会的養護の今後のあるべき姿に向けて，児童福祉法の抜本改正を目指してとりまとめた報告書「子どもを未来とするために――児童養護施設の近未来像Ⅱ」（以下，「近未来像Ⅱ」という）を提起した。それは，戦後直後形成された収容保護パラダイムのままにある社会的養護を新たな社会的養育のそれへと転換することを提言したものであった。

全養協がとりまとめたこの「近未来像Ⅱ」は，2003年の厚生労働省「児童虐待防止専門委員会」，引き続く「社会的養護のあり方専門委員会」で取り上げ議論され，社会福祉審議会児童部会の報告書としてとりまとめられた。それを受け，2004年度の国の虐待対策費が大きく組み込まれ，社会的養護各施設に家庭支援専門相談員，個別対応職員，心理療法担当職員の配置のほか，施設の小規模化に向け小規模グループケア制度などが新たに形成された。

Ⅳ 心理職の児童養護施設等への配置と動向

こうした流れが，公認心理師に繋がる制度として，社会的養護の場の虐待を受けた子どもの養育支援に関わる専門職として，正式に心理職が配置された経緯である。その後，その役割・機能は臨床の場で実践的に模索されるとともに，今日では必要不可欠な専門職として徐々に定着してきているのである。

社会的養護の場の心理職の配置が制度化され10年以上経過する中で，従来の個別空間で行われてきた心理療法，カウンセリングなどの役割機能だけでは，施設養護の場における虐待を受けたとされる子どもの発達課題の修復に効果的に寄与するのが困難という知見も見出されるに至ってきた。すなわち，今日の社会的養護の場における子どもの育ちの支援は，日常生活を基盤とする「生活臨床」と「心理臨床」の包括的取り組みの上に構築されるという方向性が目指されている。

Ⅴ 新たな社会的養育システム形成と児童福祉法改正

2015年9月10日厚生労働省社会保障審議会児童部会のもとに「新たな子ども家庭福祉のあり方に関する専門委員会」が設置された。少子高齢化の進行著しい中，家庭内子ども虐待の拡大増加に歯止めがかからない現状から，時の塩崎恭久厚生労働大臣の肝いりで戦後から続く「保護中心」の方略から，全ての子ども家庭を視野に入れた「養育中心」の新たな社会的養育を目指すというものである。そのために，国連子どもの権利条約を批准するも内国法に反映されなかったその理念を明示することとし，子どもを権利の主体として，社会がその発達権を保障して行くべく「児童福祉法」を抜本改正する取り組みであった。改正法は，2016年5月27日国会で成立，2017年4月施行されるものである。

「保護から養育」の実現の方向の理念などは，改正法の第1条から第3条に明示され，その実践の中核的システムは，子ども家庭の最も身近な市区町村が子ども家庭支援拠点を設置し，これを基盤として全ての子ども家庭への養育支援を行うものである。その中で，特に注目すべきは，前出の図に示される，社会的養護の保護可能数は約5万床ほどのうち毎年約10％しか空床が出ないことから，直近で約8万9千件と拡大増加の一途にある虐待通告であるが，そのうち90％以上の子どもたちは，保護できず，見守り，在宅指導などの名目で実態はほとんど支援を受けられない状況にあるということである。法改正後は，児童相談所と市区町村が連携協働して在宅のまま，養育支援，家事援助などを通じて家庭を再建しようとするものである。したがって，今後はここで活躍するケアワーカー，ソーシャルワーカーや心理職（公認心理師），保健師などの人材の確保が喫緊の課題となろう。加えて，これまでの社会的養護は広く社会的養育と枠

組みを変えて，在宅支援を基本とした，全ての子どもの育ちの保障のための社会システムとして再構築されることが求められる。

VI おわりに

近代化は，社会構造を大きく変え，とりわけ社会の最小単位である家庭の構造を縮小化し，その養育機能を極度に脆弱化させてきた。その結果は，国の未来である子どもの育ちを危機的状況に向かわせていると言っても過言ではない。

今般の新たな社会的養育システムへの転換をめざす児童福祉法の抜本改正により，今後は子どもに関する全ての施設，機関，その他の組織において，子どもの発達権保障のための「養育の営み」が中心的課題とされねばならない。そしてそれは，ケアワーカー，ソーシャルワーカー，心理職（公認心理師），栄養士，保健師などのほか，教育，医療，司法などが連携し包括的に実践されて，はじめて実のあるものになると考える。

こうした大きな制度改革の流れの中，国家資格としての公認心理師は，子ども理解に立った養育になくてはならない存在として，その専門性の向上とともに，その役割・機能がますます期待されることとなろう。

▶文献

加賀美尤祥（2008）児童養護施設の施設内虐待の予防と介入及び子どものケアに関する研究 平成17〜19年度厚生労働省科学研究補助金「子ども総合研究事業」児童虐待の子どもの被害，及び子どもの問題行動の予防・介入・ケアに関する研究（主任研究者：奥山眞紀子）．

加賀美尤祥（2012）児童の社会的養護の現状と課題．In：宮武剛 監修：現代の社会福祉100の論点．全国社会福祉協議会．

加賀美尤祥（2015）青少年の社会的自立とメンタルヘルス——社会的養護と今日の子ども家庭をめぐる課題．公益財団法人日本精神衛生会．

厚生労働省社会保障審議会児童部会（2003）社会的養護のあり方委員会報告書．

増沢高，青木紀久代（2012）社会的養護における生活臨床と心理臨床——多職種協働による支援と心理職の役割．福村出版．

全国児童養護施設協議会（2003）子どもを未来とするために——児童養護施設の近未来像Ⅱ．

全国児童養護施設協議会（2008）この子を受けとめて，育むために——育てる・育ちあいといなみ．全国児童養護施設協議会．

福祉領域

高齢者福祉

加藤伸司　東北福祉大学総合福祉学部福祉心理学科 教授／
Shinji Kato　認知症介護研究・研修仙台センター センター長

I　高齢社会の現状

　現在わが国の高齢者人口は3,384万人（高齢化率26.7%）であり、4人に1人が高齢者という時代である。また65歳以上の人がいる高齢者世帯は、全世帯の4割を超えている。高齢になっても元気で活動的に生きることはすべての人の望むところであるが、このような理想的な高齢期を送ることはたやすいことではない。高齢になると複数の慢性疾患を抱える高齢者が多く、特に加齢に伴って有病率が高くなる認知症の問題は深刻である。2015年の報告によると、わが国の認知症の総数は462万人と推定され、2035年には800万人に達すると言われている（二宮ほか、2015）。

II　多職種協働に遅れて参加する心理職

　高齢者福祉領域では、さまざまな職種の人たちが支援にあたっており、特に介護支援専門員（ケアマネージャー）に期待される役割は大きい。介護支援専門員は、国家資格（法定資格）を持ち、実務経験5年以上その業務に従事した日数が900日以上であることが受験資格となる。法定資格は、医師、薬剤師、看護師、理学療法士、作業療法士、社会福祉士、介護福祉士などの21資格であり、臨床心理士などの資格は含まれていない。このため、高齢者福祉領域で活動する上では、長年心理職の国家資格化が望まれていた。

　2015年に政府は、認知症対策国家戦略である認知症施策推進総合戦略（新オレンジプラン）を発表した。新オレンジプランの中で、在宅の認知症支援に大きな役割が期待されている「認知症初期集中支援チーム」は、「認知症の容態に応じた適時・適切な医療・介護等の提供」の早期診断・早期対応のための体制整備として位置づけられており、2018年度までに全国の市区町村へ設置することを目標としている。認知症初期集中支援チームの設置については、「早期に認知症の鑑別診断が行われ、速やかな適切な医療・介護等が受けられる初期の対応体制が構築されるよう、認知症初期集中支援チームの設置を推進する。市町村が地域包括支援センターや認知症疾患医療センターを含む病院・診療所等にチームを置き、認知症専門医の指導の下、複数の専門職が認知症が疑われる人又は認知症の人やその家族を訪問し、観察・評価を行った上で家族支援などの初期の支援を包括的・集中的に行い、かかりつけ医と連携しながら認知症に対する適切な治療に繋げ、自立生活のサポートを行う」こととされている。認知症初期集中支援チームの構成員は、一定の条件を満たす認知症サポート医1名以上と、「保健師、看護師、作業療法士、精神保健福祉士、介護福祉士」などの医療保健福祉に関する国家資格を有する者のうち一定の実務経験を有し、国が定めた研修を修了した者2名以上の、合計3名以上で構成される。認知症初期集中支援チームは、もともとイギリスで行われている仕組みを参考にしたものであるが、イギリ

スのチームは，医師と看護師と心理士で構成されている。しかし，わが国では心理職の国家資格が存在しなかったため，モデル的な事業の当初は，それに代わる専門職として，作業療法士があてられていた。今後は，本来の意味で，心理職の役割が期待される部分でもある。

高齢者福祉の現場では，多職種協働という考え方が浸透し始めているが，心理職がどのくらい高齢者福祉の領域で活動しているかについては，その実態すら明らかにされておらず，資格や配置基準などの問題は，高齢者医療の領域よりも深刻である。このような意味で，心理職にとって，高齢者福祉領域での活動は，他の領域に比べてかなり遅れていると言えるだろう。

高齢者福祉領域における支援を考えたとき，心理的支援の部分を担ってきたのは，相談員や看護師，介護福祉士，理学療法士，作業療法士などの多職種の人たちである。この中で相談員は，現在のところ特に資格を要求されるものではないが，これは心理職の仕事というよりは，ソーシャルワーカーの職種と考えられている。しかしこのような立場であっても，心理職という専門性を発揮して活動している人や，大きな規模の法人などでは「心理士」という名称で雇用され，専門的知識や技術を活かして活動している人もいる。

高齢者福祉の領域では，心理職に期待される役割によって当然身につけるべき専門技能は異なるが，ここでは，高齢者福祉施設における高齢者支援と，在宅高齢者に対する支援の視点から心理職に望まれている役割を考えていきたい。

III　高齢者福祉施設における心理職の役割

高齢者福祉領域における心理職に期待される役割としては，高齢者に対する相談援助や心理療法的アプローチ，アセスメントの役割，施設利用者の家族に対する支援などがある。

1　施設利用者に対する相談援助

高齢者福祉施設等で心理職が行う相談援助は，一般に「心理面接」と呼ばれる。心理面接では，一般的なカウンセリングとは違い，定期的に時間を決めて面接室で行うということは現実的ではなく，多くの場合はベッドサイドでの面接となる。利用者は，家族との軋轢などで，孤独を感じている人や，他の利用者やスタッフとうまく関われない人などであり，本人の希望というよりもスタッフからの依頼によることが多い。また利用者が認知症の人である場合には，カウンセリングというよりも，個人回想法の形になることも多い。さらに高齢者福祉施設では，終末期の看取りを行うこともあり，人生の最期を迎える人に対する心理面接も重要な役割のひとつである。

2　心理療法的アプローチ

高齢者福祉施設では，集団で行うレクリエーションなどのほかに，心理職が行う心理療法的アプローチを期待されることもある。心理療法的アプローチでは，回想法やリアリティ・オリエンテーション（RO）などを行うのが一般的である。またこれらのアプローチを心理職が心理療法として行うのではなく，ケアスタッフなどがアクティビティ・プログラムとして行う場合には，ケアスタッフに対する教育や指導が求められることもある。

3　アセスメント

高齢者に対するアセスメントは心理職に期待される大きな役割である。特に福祉施設では，認知症の利用者が多くを占めているため，認知機能のアセスメントは重要である。アセスメントは，診断の補助を目的としたものではないため，実際には，改訂長谷川式簡易知能評価スケール（HDS-R），Mini-Mental State Examination（MMSE），N式精神機能検査など簡便なものが利用されることが多い。簡便な検査であっても，高齢者福祉領域では，よりケアに役立つアセスメントとして用いられるべき

である。したがって，アセスメント結果のレポートは，認知機能の低下が日常生活のどのような部分に影響を与えるのかなど，ケアスタッフに分かりやすい表現でまとめる技術が求められる。

4　施設利用者の家族に対する支援

高齢者福祉施設を利用する家族は，利用するに至るまでにさまざまな問題を抱えていることも多く，家族間の関係性がこじれている場合や，施設入居を選択してしまったことによる罪悪感を持っている家族もいるなどさまざまである。特に関係性がこじれている家族は，面会頻度が低く，施設を訪れても自分から面接を求めてくることはほとんどないと言ってもいい。そのような家族に対してできる支援は限られてくるが，家族の関係性の修復に対する介入も心理職ならではの役割と言えるだろう。また施設入居という選択に罪悪感を持っている家族に対しては，その罪悪感の軽減に向けたアプローチが必要になってくる。

IV　在宅高齢者に対する心理職の役割

1　在宅高齢者に対する心理的支援

高齢者福祉領域における在宅支援の主なものには，相談，訪問サービス，通所サービス，ショートステイなどがある。地域における高齢者支援の相談を担う機関としては，地域包括支援センターがあり，そこには，社会福祉士，保健師，介護支援専門員などが配置されている。地域包括支援センターでは，サービス利用の提案や，ケアプランの作成だけではなく，利用者自身の悩みや相談に応じることも大きな役割のひとつである。この中でも家庭内の人間関係の問題や，自分自身の将来の不安などが訴えられることもあり，このような問題に対しては，より心理学的な技能が期待される。

2　介護家族に対する心理的支援

現在わが国の世帯構成で最も多いのが，夫婦二人暮らしであり，介護が必要な人を，高齢配偶者が一人でケアしているケースが増えてきている。いわゆる老老介護の問題である。

介護家族は，自分自身も高齢者であるために大きな介護負担があり，さらに今後いつまで介護が続くのか，あるいはいつまで自分で介護していけるのかなど将来的な不安をかかえている人も多いため，家族に対する心理教育や心理的支援が求められる。また近年，子どもの配偶者による介護は減り，遠距離介護や同居する独身の子どもによる介護が増えてきているなど介護の形は複雑化してきている。特に親の介護のために仕事を辞めた子どもは，経済基盤を失い，年金などの親の収入をあてにしながら介護を提供するというような共依存が起こっている場合もあり，このような家族に対しては，心理的支援が必要になる場合も多い。近年増加してきている高齢者虐待の問題に対しても，専門職による心理学的なアプローチが期待される部分でもある。

V　今後の展望

このほかにも，スタッフへの相談援助，地域高齢者や家族への支援など幅広い役割が期待されている（加藤，2015）。高齢者福祉の現場では，様々な職種の人たちが，本来心理職が行うべき仕事を担っているのが現状であり，高齢者福祉領域で心理職に期待される役割は大きい。今後心理職が正当な立場で専門職として幅広く認識され，多職種協働のもとに支援にあたることができるようになれば，さまざまな職種の人たちにとって有益となり，何より高齢者や家族の福祉に貢献することにつながるであろう。

▶文献
加藤伸司（2015）高齢者福祉の専門技能．臨床心理学15-5；620-624．
二宮利治ほか（2015）「日本における認知症の高齢者人口の将来推計に関する研究」調査報告書．

福祉領域

障害者福祉

大塚 晃
Akira Otsuka

上智大学総合人間科学部

I　はじめに

　障害福祉施策については，障害のある人が地域で安心した生活が送れることを目指した「障害者自立支援法」が，平成18（2006）年4月1日から施行された。その後，この理念は，平成25（2013）年度から施行されている「障害者総合支援法」に受け継がれている。「障害者総合支援法」については，3年後の見直しとしての改正法案が平成28（2016）年5月に成立した。同時に，発達障害者の地域における一貫した支援を目指した発達障害者支援法の改正法も成立した。このように障害福祉施策が大きく変化するなかで，障害福祉の分野で公認心理師の役割や期待について述べてみたい。

II　障害概念について

　障害者基本法の第2条（定義）によれば，障害は次のように定義されている（次の各号に掲げる用語の意義は，それぞれ当該各号に定めるところによる）。

　　一　障害者　身体障害，知的障害，精神障害（発達障害を含む。）その他の心身の機能の障害（以下「障害」と総称する。）がある者であつて，障害及び社会的障壁により継続的に日常生活又は社会生活に相当な制限を受ける状態にあるものをいう。
　　二　社会的障壁　障害がある者にとつて日常生活又は社会生活を営む上で障壁となるような社会における事物，制度，慣行，観念その他一切のものをいう。

　これは，WHOが2001年に定めた「ICF（国際生活機能分類）」のように障害の原因を障害者の機能障害にのみ求めるのでなく，環境との相互作用によるものとする医学モデルと社会モデルを統合している。近年の障害概念の捉え方の大きな変化は，心理職もふくめてあらゆる障害に係わる専門職の仕事に大きな影響を与えている。

III　障害者差別解消法の施行

　わが国は，障害者権利条約を平成26（2014）年1月に批准し，2月に発効させた。この条約は，障害者の固有の尊厳，個人の自律および自立の尊重，無差別，社会への完全かつ効果的な参加及び包容等を一般原則とするとともに，障害に基づくいかなる差別もなしに，すべての障害者のあらゆる人権及び基本的自由を完全に実現することを確保し，及び促進することを締約国の一般的義務とし，障害のある女子及び児童を含む障害者に保障されるべき個々の人権及び基本的自由について等を定めている。また，全ての障害者が，障害者でない者と等しく，基本的人権を享有する個人としてその尊厳が重んぜられ，その尊厳にふさわしい生活を保障される権利を有することを踏まえ，障害を理由とする差別の解消の推進に関する基本的な法律

である障害者差別解消法が，平成28（2016）年4月に施行されている。障害者権利条約においては，「『合理的配慮』とは，障害者が他の者と平等にすべての人権及び基本的自由を享有し，又は行使することを確保するための必要かつ適当な変更及び調整であって，特定の場合において必要とされるものであり，かつ，均衡を失した又は過度の負担を課さないものをいう」とされている。障害を理由とする差別の解消の推進に関する基本方針においては，障害者差別解消法は，権利条約における合理的配慮の定義を踏まえ，行政機関等及び事業者に対し，その事務・事業を行うに当たり，個々の場面において，障害者から現に社会的障壁の除去を必要としている旨の意思の表明があった場合において，その実施に伴う負担が過重でないときは，障害者の権利利益を侵害することとならないよう，社会的障壁の除去の実施について，必要かつ合理的な配慮を行うことを求めている。合理的配慮は，障害者が受ける制限は，障害のみに起因するものではなく，社会におけるさまざまな障壁と相対することによって生ずるものという，いわゆる「社会モデル」の考え方を踏まえたものである。また，障害者の権利利益を侵害することとならないよう，障害者が個々の場面において必要としている社会的障壁を除去するための必要かつ合理的な取り組みであり，その実施に伴う負担が過重でないものとされている。今後は，個々の障害者への合理的配慮がそれぞれの現場で求められる状況になっている。

IV　個別支援計画の必要性

障害者総合支援法第42条第2項では，「指定事業者等は，その提供する障害福祉サービスの質の評価を行うことその他の措置を講ずることにより，障害福祉サービスの質の向上に努めなければならない」とされている。質の高いサービスについては，各事業にサービス管理責任者を配置し，それぞれの利用者のニーズに応じたサービスを提供することにより実現するものである。厚生労働省の障害者差別解消法福祉事業者向けガイドラインにおいても，合理的配慮の提供に当たっては，個別の支援計画（サービス等利用計画，ケアプラン等）に位置付けるなどの取り組みも望まれるとされ，個々の障害者への合理的配慮を基準とする支援計画が位置づけられている。このようなサービス提供過程における，PDCAサイクルの実現は，エビデンスに基づく支援としての福祉分野における科学的方法論の確立のために重要なものとなっている。また，個別支援計画は，多職種連携による支援会議により作成されるものであるから，チームアプローチを推進するものとなる。

V　チームによる支援

障害者総合支援法は，障害の有無にかかわらず，障害のある人たちが地域で安心して生活できる地域社会を構築することを目的としている。そのためには，一部の専門家による分野ごとに分けられた従来の狭い支援ではなく，チームによる生活全体を射程に入れた支援が目指されている。そのためには，多職種連携による支援の体制が構築されなけれなならない。

今回の発達障害者支援法の改正においては，福祉と教育の連携強化が目指され，第8条（教育においては，「国及び地方公共団体は，発達障害児が，その年齢及び能力に応じ，かつ，その特性を踏まえた十分な教育を受けられるようにするため，可能な限り発達障害児が発達障害児でない児童と共に教育を受けられるよう配慮しつつ，適切な教育的支援を行うこと，個別の教育支援計画の作成（教育に関する業務を行う関係機関と医療，保健，福祉，労働等に関する業務を行う関係機関及び民間団体との連携の下に行う個別の長期的な支援に関する計画の作成をいう）及び個別の指導に関する計画の作成の推進」などの必要な措置を講じるものとするとされている。地域における関係機関との連携やさらに複合的な連携としてのネットワークの構築は，医療，保健，福祉，教育，雇用など分野横断的施策の実現のために不可欠なものであ

る。このような多職種の連携を可能にするのが多職種間の共通言語である。

VI 各領域における心理職の役割

1 障害児支援

障害者権利条約および障害者差別解消法の成立に伴い，障害児それぞれの支援における合理的配慮が必要となっている。障害児の地域社会への参加・包容（インクルージョン）を子育て支援において推進し，障害児本人の最善の利益や家族支援を行っていくことが重要である。そのためには，ライフステージに応じた切れ目のない支援（縦の連携）と，保健，医療，福祉，保育，教育，就労支援等とも連携した地域支援体制の確立（横の連携）が図られる必要がある。特別に配慮された支援が必要な障害児のための医療・福祉との連携については，特に発達障害は医学的検査のほか，継続的な行動観察，日常生活上の適応状況に関する複数の場面での様子など数多くの情報収集が必要であり，関係機関の協力体制が求められている。発達障害の専門的な診療機関がその機能を最大限活用できるようにするためには，かかりつけ医や保健師，保育士，心理職，教員，事業所職員等が日常的に情報交換を行い，役割分担を明確化した上で，具体的事例において円滑に引き継ぎ等を行うことができるような連携体制を整備することが重要である。また，家族支援を充実させ，ペアレント・トレーニングなどを活用する必要がある。その際，子どもの発達の観点や家族支援におけるカウンセリングの基礎的知識は必須となり，心理職のかかわりの必要性が高まっている。

2 強度行動障害への対応

強度行動障害など特別な心理的支援が求められる障害について，社会保障審議会障害者部会の報告書は，強度行動障害支援者養成研修を推進するために，施設，事業所の職員が研修を受講し適切な支援ができる体制の整備を報酬上評価するなど，具体的な方策を検討するとされている。

国においては，行動障害の軽減を図り，もってこれらの者の福祉の一層の推進を資することを目的として，強度行動障害支援者養成研修（基礎・実践研修）を各都道府県で実施している。強度行動障害への支援の基本的枠組みとして，構造化された環境の中で，医療と連携しながら，強い刺激を避けたリラックスできる環境などで体制づくりを進めるなどの原則が挙げられているが，その前提としての行動のアセスメントを含め，心理的関与が重要なものとなっている。今後は，強度行動障害者への支援の専門性を確保するために，心理職の配置が必要な状況になっている。

VII おわりに

障害分野における権利擁護の重要性と関連して，自らの権利擁護を行うことに困難を抱えている人への支援，すなわち意思決定の支援の課題が重要になってきている。意思決定については，本人の嗜好・能力，意思決定の内容，対人関係等の環境の異なりなど一概には言うことができないが，その個別性に配慮しつつ，情報提供に工夫をこらし，第三者を介入させるなどによる共同決定の仕組みを構築していくことが必要である。今後は，心理職を含む専門職による障害者の意思決定に配慮した支援がますます求められるだろう。

▶文献
外務省（2014）障害者権利条約.
厚生労働省（2013）障害者総合支援法.
厚生労働省（2015）『障害者総合支援法施行3年後の見直しについて──社会保障審議会障害者部会報告書.
厚生労働省（2016a）発達障害者支援法.
厚生労働省（2016b）障害者差別解消法福祉事業者向けガイドライン.
内閣府（2013a）障害者基本法.
内閣府（2013b）障害者差別解消法.

教育・学校領域

スクールカウンセリングと心理職

坪田知広　　文部科学省初等中等教育局児童生徒課長
Tomohiro Tsubota

I　学校における問題行動等の現状について

1　いじめについて

　初めに，文部科学省では，例年，「児童生徒の問題行動等生徒指導上の諸問題に関する調査」（以下，「問題行動等調査」という）を実施しており，9月はじめに調査結果を公表しているが，平成26（2014）年度分については，岩手県矢巾町の事案を受け，急遽再調査し，平成27（2015）年10月27日に公表した。その結果，最初の提出時と比べ，全国でいじめの認識が3万件増加した。これは，今までは些細なものとして，あるいは解決済みとして計上していなかったものも定義に当てはまることが改めてわかり，いじめの認知の差が全国的に多少平準化できたものと考えている。いじめについては認知件数に波があり，実際，大津でいじめがあった翌年は，前年度調査に対して認知件数が上ったが，今までの状況を見ると，大きな事案が発生したら認知件数が上がり，次の年になると急に認知件数が下がってくるということの繰り返しである。しかし，現場で接しているカウンセラーの方々も感じておられることと思うが，基本的にいじめはピークなく発生している。最近では，インターネット上での誹謗中傷など第三者からは見えないいじめも含め，新しいタイプのいじめが広まってきており，暴力といった形で目に見えているいじめは，少し影をひそめているように感じる。むしろ，細かいいじめ，からかい，誹謗中傷等の案件は増えているのではないかと考えられる。しかしながら，平成26（2014）年度の問題行動等調査において，いじめを認知していない学校が未だに42％あるというのはとても信じがたいことであり，どのように対応していくかは課題である。

　いじめ防止対策推進法における重大事態については，問題行動等調査結果から増えていることがわかった。いじめにより自殺，自殺未遂や暴力を受ける，または，いじめがきっかけで不登校になったもの，両方とも増えている。重大事態については，今後の重要な調査課題であり，ぜひ注目していただきたい。

　続いての課題としては，いじめ防止対策推進法を踏まえた学校の取り組み状況である。学校は，いじめ基本方針を策定することが義務付けられており，いじめ対策委員会等の構成員については，スクールカウンセラーも入った形で，外部の視点を入れた組織にしていただきたいと考えている。いじめをゼロにすることは困難かもしれないが，いじめ防止対策推進法ができ，さまざまな取り組みが求められているにもかかわらず，対策をとらずにいじめが起こるということはあってはならない。ぜひとも，皆さまからもいろいろなお声をいただき，これを真に意味のあるものにしていきたいと考えている。

2　暴力行為について

　暴力行為について，全体としては減少した。体罰ができなくなったら，子どもの暴力は増えると言われることもあったが，先生が体罰をしないことで，暴力を許さないということが徹底され，子どもも暴力を振るわなくなってくるのではないかと考えている。

3　不登校について

　不登校について，元々高水準にあったものがさらに増えている状況にある。その要因としては，無気力，不安などの情緒的な混乱というのが一番を占めている。いじめで学校に行きたいけれど行けなくなった，教職員との折り合いが悪い，そのほか友人関係等については，徹底的に学校がマネジメントし，要因を排除することでゼロにできると思っている。一方で，無気力や不安などの情緒的な混乱ということについては，今学校での教職員による対応は困難だろう。まさにこの部分について，心理の専門職の皆さまの多大なお力添えを賜りたいと考えている。

Ⅱ　スクールカウンセラーの配置について

　スクールカウンセラーの配置校数は年々増加している。また，問題行動等調査において，不登校児童生徒在籍校の半数近くの学校が，不登校児童生徒が登校するなど特に効果のあった学校の措置として，「スクールカウンセラー等が専門的に指導にあたった」ことを挙げている。これらは，これまでのスクールカウンセラーの皆様の働きが学校および自治体において非常に高く評価されていることを裏付けるものではないかと考えている。

　また，スクールカウンセラーの配置については，多くの自治体から増やしてほしいという要望が多く寄せられている。文部科学省においては，これまでもスクールカウンセラーの配置に係る補助金を，中学校には週1日配置に係る経費に対する補助という形態で行っているが，就学援助率が高い，いわゆる貧困対策が必要な学校についてはさらに1日追加配置できる措置や，あるいは，将来週5日の体制になったらどうなるかということについては，まずは200校で週5日体制を試行することを盛り込んで，28年度の予算額が計上されている。今後も，スクールカウンセラーによる相談体制を増々充実させていきたいと考えている。

Ⅲ　スクールカウンセラーの役割について

　平成27（2015）年12月の中央教育審議会において「チームとしての学校の在り方と今後の改善方策について（答申）」が取りまとめられた。チーム学校とは，教員を中心に，多様な専門性を持つスタッフを学校に配置し，学校の教育力・組織力の向上を図るため，校長のリーダーシップの下，教職員やさまざまな専門スタッフがチームとして適切に役割分担することにより，教員は授業など子どもへの指導に一層専念できるというものであり，他の専門職を含めた大きな流れを作ろうというものである。本答申において，スクールカウンセラーについては，「学校等において必要とされる標準的な職として，職務内容等を法令上，明確化することを検討する」「教育委員会や学校の要望等も踏まえ，日常的に相談できるよう，配置の拡充，資質の確保を検討する」などの改善方策が示された。現在，文部科学省において有識者会議を設置し，スクールカウンセラーの職務内容や，専門性等について検討を行っているところである。

　具体的な職務内容については，有識者会議での結論によるが，学校における心理職に期待する役割を5つほどあげると，児童生徒のカウンセリング，児童生徒への対応に関しての保護者・教職員への心のケア，事件・事故等の緊急対応における児童生徒等の心のケア，教職員等に対する児童生徒へのカウンセリングマインドに関する研修活動，教員との協力の下，子どもの心理的問題への予防的対応ということである。勤務時間が増えれば，先ほどのいじめ対策委員会等いろいろな組織に参加していただき，そこで得た情報をもとに自分で動くというようなことや，その他ストレスチェッ

クを毎学期等に実施し，それに応じたストレスコントロール教育のようなものを教員と協働して実施していただくことなど，役割を明確に定めた上で，取り組んでいただくようになると考えている。これからの学校運営においては，今まで教員の世界にはいらっしゃらなかった方々の力が必要であり，このような方々に学校を真に子どもたちのための組織にしていくという役割をぜひ担っていただきたい。

この5つの役割が，そのまま法律に書き込まれるかどうかは別ではあるが，そのような役割が期待されるということを踏まえ，スクールカウンセラーが常勤職になった場合に，求められる役割にすべてきちんと対応できるのかを検証する必要があり，労働法制との関係で何らかの問題等が生じないかといったことについても考慮しなければならない。また，常勤職となった場合に，現在，医療の分野や学校など複数の機関に所属している方々がスクールカウンセラーとしてのみ勤務されることが良いのか，もしくは，いろいろなことをやった方が良いのではないか，といったご意見もあると思うので，そういったことも伺いながら検討していきたい。

さらに，学校との適切な間合いや距離を図るということがある。ほぼ常勤として学校の中に入った場合に，適切に外部性を保つことが重要であると考える。完全に校長の管理下で働くことで，動きづらくなるようなことがあってはならないし，状況に応じてノーと言えるスクールカウンセラーでなければならないと考える。個人情報の取り扱いについても，校長にどこまで報告し，どこまでの指示を受けるのか，あるいは他の教員とどういう情報をどこまで共有するのかといったルール作りも考えていく必要があるだろう。

IV　おわりに

行政としては，計画を立て実行し，そして，課題や失敗があった場合，必ずそれを翌年度の概算要求の際に改善し，足りない部分を要望する形で施策を動かしていこうとしている。各学校や教育委員会，あるいは各役割を任された人にとっても，こういうPDCAサイクルの意識は大切だろう。物事を改善していくためには，分かりやすい目標，すなわち不登校児童生徒の割合の減少や保護者，児童生徒のカウンセリングに対する満足度の向上といった指標が設定されていた方が良いと考える。また，今後はより一層心理の専門職である皆様方の子どもへの対応によりどのような効果が得られるのかといったエビデンスが求められる状況にあることも付言させていただく。皆さま方が，より活躍され，機能しやすくなり，また，学校そのものが児童生徒の期待に応えられるものになっていくよう検討していきたいと考えており，色々なご意見をいただければと願う。

教育・学校領域

特別支援教育と心理職

上野一彦
Kazuhiko Ueno

東京学芸大学 名誉教授

I　はじめに

　2015年9月公認心理師法が国会で成立，公布され，ここに文部科学省，厚生労働省を主務官庁とした，心理職として初の国家資格が誕生することとなった。施行は2年以内で，2016年4月には，一般財団法人日本心理研修センターが試験機関として指定を受けた。

　この公認心理師は，その多様性，汎用性という意味でも非常に広範囲の専門領域にわたっている。医療・保健／教育発達／福祉／司法・矯正・法務・警察／産業・労働／大学・研究所／私設心理相談／災害支援といったものが挙げられている。それぞれの領域で専門的心理職として活躍することが期待されているわけだが，公認心理師法が成立する歴史過程の中で，特に職能資格としてその存在が大きかった領域は，医療関係と教育関係ではなかったろうか。本稿では，大きな進展を遂げつつある特別支援教育と期待される心理職の役割について述べる。

II　さまざまな民間ベースでの心理職の台頭

　発達診断における心理アセスメントや，保護者や本人への支援介入，カウンセリングなど，医療との連携，さらには教育相談等の中でその確実な責務を果たしてきたと思う。特に，学校教育では，増加するいじめや不登校にたいするスクールカウンセラーなどの役割，さらには，LD（学習障害），ADHD（注意欠如多動症），ASD（自閉スペクトラム症）など，いわゆる発達障害に対する教育ニーズの急速な高まりの中で，LDの判断や個別の指導計画の作成等において，実質的な心理の専門知識が活かされてきたとも思う。これは米国等における病院臨床や司法等におけるクリニカルサイコロジストの活躍，学校臨床におけるスクールサイコロジスの各学校における配置等も一つの国際的な参考例ともいえる。

　わが国における心理専門職の歴史をたどれば，1960年代から1970年代にかけていじめによる自殺や不登校が社会問題化され，1990年代以降，その対策が検討されるようになり，1995年のスクールカウンセラー活用調査研究等の開始とともに臨床心理士等が社会的に認知されるきっかけとなった。同時期，阪神・淡路大震災の発生もあり，災害時の心のケアの問題も心理専門職の必要性とともに大きく取り上げられ，心理職の土台を築いていった。

　他方，いわゆる発達障害への教育対応の公的検討が本格的に始まったのも1990年頃からで，学校における心理相談教諭等を視野においた学校心理士，生涯発達全体をカバーしようとする臨床発達心理士，発達障害等新しい障害への対応を心理アセスメントから迫る特別支援教育士（SENS）などの心理職が次々と誕生していった。

　公認心理師の試験機関となった日本心理研修センターのHP（http://shinri-kenshu.jp/）には，主要な大学院レベルの民間心理専門職能資格とし

て，臨床心理士（約25,000人），教育発達関係を中心に，臨床発達心理士／学校心理士／特別支援教育士（約11,000人）などのあることが記載されている。

今回の公認心理師実現の過程では，臨床心理職国家資格推進連絡協議会（推進連），医療心理師国家資格制度推進協議会（推進協），日本心理学諸学会連合（日心連）の「三団体による資格問題についての会談」（略称：三団体会談）が大きな推進力となったことは記憶に新しい。そのロビー活動で使用されたパンフレット『心理職者に国家資格を』（2011年10月）では，主な学会が認定している心理資格として先の4職能資格を筆頭に，約20近い資格が列挙されている。

III 特別支援教育への転換と発達障害

わが国では21世紀に入って，かつての特殊教育から特別支援教育への大転換がはかられた。そうした歴史的潮流のなかで，国際的な障害者権利条約の批准へのプロセスをバックボーンとする2005年の議員立法による「発達障害者支援法」の成立，ならびに2016年6月の同法の改正もその転換の一翼を担っている。発達障害については，当初，軽度障害という位置づけがなされたが，その障害のわかりにくさゆえに，二次障害等を伴いやすいこと，また一歩先んじた不登校等とも重複するケースもあることなどが知られるようになるにつれ，「軽度」という表現はむしろ後退していった。

かつての特殊教育における身体障害や知的障害等の伝統的支援対象と一般的な児童生徒との間にあった「障害と健常」という二分する概念を，連続させる架橋の役割を発達障害は果たすものでもあった。しかしながら，発達障害は見た目にはわかりにくく，他人との関わりにも困難さを生じやすいところから，周囲の理解が不十分なために日常生活で困ることや不適応も起こしやすく，そうした「社会的障壁」を取り除く必要があると考えられる。

特に，教育面では，発達障害がある子どもが他の子どもと一緒に教育を受けられるように合理的な配慮をすることは当然であるが，学校側が目標や取り組みを定めた個別の計画を作成し，いじめ防止対策や，福祉機関との連携も進めなければならない。こうした発達障害のある児童生徒への支援の拡大は心理職のニーズを一層高めてきたともいえる。

2000年6月から始まった文部科学省の「21世紀の特殊教育の在り方に関する調査研究協力者会議」（座長：河合隼雄）は，翌年1月に最終報告（2001）をまとめている。その副題は「一人一人のニーズに応じた特別な支援の在り方について」とされており，これまでの身体障害や知的障害のある児童生徒に加え発達障害をも完全に視野に入れた21世紀における新しい特別支援教育の誕生であった。

発達障害者支援法が施行されて以降，それまでは「通級による指導」の支援対象であった，言語障害，難聴，弱視，肢体不自由，病弱等の障害種の児童生徒数と比較し，新しい障害種である発達障害（LD，ADHD，ASD）等の在籍数は年々確実な増加を示している。現在（2015年度文部科学省統計），「通級による指導」を受けている児童生徒は全体で9万人を超え，発達障害関連はそのうちの約半数を超えており，この傾向は，さらに続くと予想される。

IV 特別支援教育と心理職

この発達障害に分類される児童生徒への支援ニーズの高まりは，2016年4月に施行された「障害者差別解消法」，同年5月に成立した「改訂発達障害者支援法」などによって，さらに充実の方向で新しいステージに移行しつつある。

「すべての支援やサービスは当事者にとって利用しやすく，効果を上げ得る」ことが期待されるわけだが，こうした方向性が意識され続けるならば，そのニーズの高まりもさらに継続することであろう。また，発達障害等への関心は，これまでは主に初等中等教育がその舞台であったが，最近

は高等教育にも波及しつつある。高等教育の入り口に位置する大学入試センター試験等でも，2011年度入学者選抜から，入試の配慮対象として発達障害区分が正式に導入された。こうした配慮措置に当たっては医師の診断書だけでなく，心理職等による状況報告書が必要であり，ここにも心理職の果たす具体的役割が明記されている。

心理職の特に知的発達関係におけるアセスメントの役割について振り返ってみると，20世紀初頭のビネー検査に象徴される知的障害の判別から，ウェクスラー検査に代表される個人間差（集団の中での個人の位置）から個人内差（一人の個人の中での能力差）の測定が重視されるようになった。1960年代以降，LDの台頭とともに，その傾向は一層強まり，さまざまな個人内差，認知能力検査の開発へと移行し，米国等では個別指導計画の法的な施行によって，学校におけるスクールサイコロジストの役割が強く求められるようになった。

こうした先例は，わが国のいじめや不登校対策としてのスクールカウンセラーの重視とはやや趣を異にするが，2015年の公認心理師法の成立は，スクールカウンセラーだけでなく発達障害児への対応と支援という特別支援教育における専門的な心理職の役割，特にアセスメント等における専門性の重視などもその背景にはあった。

ちなみに，わが国でまとめられた1999年の文部科学省（当時文部省）の「「学習障害児に対する指導について（報告）」にあるLDの定義では，知的障害との混同を避けるために，「全般的な知的発達に遅れはないが」というフレーズが入っている。これは同時に知的発達に関するアセスメントの必要性に言及するものでもある。同時にそのLDの判断においては，学力と知的発達のディスクレパンシーをひとつの根拠としており，ここにも知的発達に関するアセスメントの重要性が示唆されている。

V　まとめ

学校における心理職として一般的なスクールカウンセラーの役割とは別に，21世紀に入って特別支援教育，なかでも発達障害に対する判断と教育支援にあたっての心理アセスメントの必要性が大きな課題となってきた。教育・発達領域では，今日，特別支援教育の大きな進展とともに，一層心理職の学校での活用が大きな課題となってきている。冒頭で触れた公認心理師法成立の後，これらの動きは一層実現性が高くなっている。

特別支援教育，なかでも新たに展開中の発達障害に対する支援は，認知能力のアセスメントだけでなく，本人や保護者に対するカウンセリング等の役割を果たす心理職との連携がなければ大きな成果は得られないわけで，今後の心理職の学校における活用が大いに期待される。

司法・矯正領域

矯正領域と心理職

渡邉 悟
Satoru Watanabe

八王子少年鑑別所

I はじめに

筆者に与えられたテーマは,「矯正領域と心理職」であるが, 矯正領域とは, 矯正施設と同義と考えられるため, 本稿では, 矯正施設における心理職の活動を紹介することにする。また, 矯正施設に勤務する心理職は, 通常, 心理技官と呼ばれるので, この後は, その名称を用いることにする。

さて, 矯正施設とは, 犯罪・非行を犯した者を法の定めによって一定期間収容し, 改善更生に向けた働きかけを行う法務省矯正局が所管する施設の総称である。具体的には, 刑務所, 少年刑務所, 拘置所, 少年院, 少年鑑別所, 婦人補導院を指す。このうち, 刑務所, 少年刑務所および拘置所は, 刑事施設と呼ばれるが, 現在, 刑事施設と少年鑑別所には, 少なくとも1人以上の心理技官が配置され, 少年院には, 一部の施設に心理技官が配置されている。

心理技官は, 国家公務員採用総合職試験(人間科学)または法務省専門職員(人間科学)採用試験(矯正心理専門職)という国の試験によって採用され, 採用後は, 集合研修とスーパーバイズを中心にした実務研修により犯罪・非行臨床の専門家として養成される。採用に当たっては, 有為な人材に心理技官に対する関心を持ってもらうために, インターンシップが導入されている。また, 採用後の集合研修については, 初任クラスから中堅クラスまで, 段階に応じて専門性の向上を図る研修体制が整えられている。

II 心理技官の歴史

再犯防止が国の重要な施策に位置付けられる中, 矯正施設は, 被収容者の収容を確保しつつ, 彼らがなぜ犯罪・非行に及んだのか, なぜ犯罪・非行を繰り返すのかといった原因を的確に把握して, 適切かつ有効な処遇を行い, 円滑に社会復帰させるという大切な役割を担っている。こうした矯正施設にあって, 昭和初期という, 我が国の心理職の歴史の中でもかなり早い時期から, 心理技官が一部の刑務所に採用され, 受刑者の再犯につながる問題点を調査し, その改善のための処遇方針を提示してきた(これを「処遇調査」という)。また, 昭和24(1949)年に少年法が施行され, 家庭裁判所は非行少年の審判に当たり, 少年鑑別所の鑑別を活用するよう求められたことから, 少年鑑別所にも心理技官が配置され, 鑑別の対象者が非行化した心理メカニズムなどの解明に当たっている(これを「鑑別」という)。このように心理技官は, 伝統的に刑事施設や少年鑑別所の心理アセスメントに従事してきたが, 近年では, 刑事施設や少年院において, 認知行動療法に基づく処遇プログラムが導入されるなど, 心理の専門性のニーズが高まっていることに伴い, 一部の刑事施設や少年院には, 被収容者の処遇を直接担当する心理技官が配置されている。さらに, 法務省矯正局においては, 昭和40年代から現在まで, 犯罪者や非

行少年の特性を考慮した独自の心理検査やアセスメントツールを開発しているほか，最近では，処遇効果の検証を積極的に進めており，心理技官は，これらの業務にも中核として参画している。このような歴史を辿りながら，矯正領域における心理学の必要性の高まりを受けて，心理技官の業務は広がっている。

では，刑事施設，少年鑑別所・少年院の順に，心理技官の具体的な業務を紹介する。

III　刑事施設における心理技官の業務

刑事施設には，拘置所のように取調べまたは裁判中の被疑者・被告人を収容する施設もあるが，多くは刑務所や少年刑務所のように刑の確定した受刑者を収容して処遇する施設である。こうした刑事施設における心理技官の業務としては，処遇調査，処遇関与，特別改善指導および効果検証の4つが挙げられる。

まず，処遇調査は，主に刑の執行開始時に，面接や心理検査を行い，知能や性格等の資質上の特徴，犯罪に至った原因等を明らかにし，それらを踏まえて，受刑者の改善更生に向けた適切な処遇指針を提示するものである。

次に，処遇関与は，受刑生活に対する不安や悩みを抱え，処遇に困難を来している受刑者に対して，個別に面接を行ったり，そうした受刑者を担当する刑務官の相談に応じてサポートしたりするなど，刑事施設の処遇に直接関与して支援するものである。

さらに，刑事施設では，犯罪につながる特定の問題性を改善するために，現在，6つの特別改善指導（薬物依存離脱指導，暴力団離脱指導，性犯罪再犯防止指導，被害者の視点を取り入れた教育，交通安全指導，就労支援指導）が実施されているが，心理技官は性犯罪再犯防止指導などに加わり，認知行動療法に基づくグループワークを行っている。

最後に，効果検証は，前記の特別改善指導や，多くの受刑者に共通する問題を改善する一般改善指導について，統計的手法を用いて処遇効果の検証を行うとともに，プログラムの更新を担当する業務である。

これら業務のうち，処遇調査については，すべての刑事施設で行われているが，処遇関与と特別改善指導については，重点的に実施する施設が指定されている。また，効果検証については，その専従班が府中刑務所に設置されている。なお，受刑者に対するカウンセリングと特別改善指導を行う心理職としては，平成17（2005）年から，心理技官のほかに，臨床心理士の有資格者などが処遇カウンセラー（カウンセリング担当，薬物担当，性犯担当）として非常勤で採用されている。

IV　少年鑑別所・少年院における心理技官の業務

少年鑑別所も少年院も，非行少年を収容する施設である。ただし，少年鑑別所は主として，家庭裁判所において審判のために観護措置の決定を受けた，20歳未満の少年を収容して鑑別を実施する施設，少年院は，審判により少年院送致決定を受けた，おおむね12歳以上26歳未満の者を収容して処遇する施設という違いがある。このうち，少年鑑別所における心理技官の主な業務は，鑑別と地域援助である。

まず，鑑別は，依頼元や対象者によっていくつか種類があるが，その中心は，家庭裁判所の求めによる鑑別（収容審判鑑別）である。この鑑別では，面接，心理検査，医師による健康診断（必要ケースでは精神医学的診察），行動観察，外部資料の収集により，非行の意味や，長所も含めた少年の性格の特徴を探り，再非行の防止はもちろん，健全な青少年として育成するためには，どのような処遇が必要かといったことを明らかにして「鑑別結果通知書」にまとめ，審判の資料として家庭裁判所に提出する。この通知書は，審判後，処遇機関（少年院や保護観察所）における処遇にも活用されている。

次に，地域援助は，少年鑑別所が犯罪・非行やその周辺の問題行動に関する専門機関として培っ

てきたノウハウを生かし，地域社会における犯罪・非行の防止や青少年の健全育成に寄与する業務である。具体的には，電話や来所による個別の心理相談に応じたり，学校や関係機関の依頼による事例検討会などに出席してコンサルテーションを行ったりしている。なお，少年鑑別所は，この地域援助に当たり，法務少年支援センターという別名を用いて，ホームページを開設したり，相談専用ダイヤルを設けたりしているほか，全国共通ダイヤル（0570-085-085）に架電すると最寄りの法務少年支援センターにつながるようになっているなど，相談しやすい体制づくりにも配慮している。

最後に，少年院に心理技官が配置されたのは比較的最近のことであり，今のところ，その配置は一部の施設であるが，業務としては，少年鑑別所の鑑別を少年院の処遇に生かす橋渡し的な役割を担うほか，処遇プログラムの実施，心情安定のための面接，社会復帰に係る支援などを行っている。また，少年院の処遇プログラムの効果を検証するために，多摩少年院，関東医療少年院，八王子少年鑑別所に効果検証専従班が設置され，同班に配置された心理技官は，刑事施設と同様，統計的手法を用いて処遇効果の検証を行っている。

V 心理技官と公認心理師

前記のとおり心理技官は国の試験によって採用されるため，今のところ，公認心理師を含む心理職の資格が必須というわけではない。ただし，矯正施設の被収容者は，他の領域の対象者と共通するような生きづらさを抱えていることも多く，公認心理師の資格取得を通じて，臨床家としての基本的な姿勢，幅広い知識や技法等を身に付けることはメリットになると考えられる。一方，犯罪・非行臨床においては，やはり法的な枠組みをはじめとして，犯罪・非行を理解するための専門的な知識が必要である。他領域においても，心理職が犯罪や非行に関係した対象者に出会う可能性があることを考慮すると，公認心理師を目指す方には，犯罪心理学を学び，矯正施設における心理臨床活動，すなわち心理技官の業務にも関心を持っていただくことが望まれる。

司法・矯正領域

家事紛争と両親の離婚における子ども支援

相原佳子　野田記念法律事務所／第一東京弁護士会
Yoshiko Aibara

I　離婚における親権者の決定

　父母が離婚するときは，父母の間に未成年の子があれば，その子の親権者をどちらかに決めなければなりません。我が国では，婚姻中は父母ともに親権者ですが，離婚する場合には，一方のみを親権者とすることとされ，両方が親権者であり続けることは認められていません（民法819条1項1号）。親権者をどちらにするかを決めるのは，まずは父母自身であり，父母の話し合いがまとまればそれに第三者ないし当事者である子が異議を差し挟むことはできません。父母が合意に達しない場合には家庭裁判所の判断を求めることができます（民法819条5項／家事事件手続法別表第2）。裁判所が親権者を定める判断基準は「子の利益」ですが，それを判断する具体的な考慮要素としては，離婚後に父母それぞれが用意できる養育環境，子の年齢，学校や友人との関係などの状態，子の意向，子の養育環境の継続性・安定性などが挙げられます。親権者を指定するための裁判手続の中では，家庭裁判所の調査官が，家庭や学校を訪問するなどして，子の環境などの調査に当たります。

　離婚に際して未成年の子の問題が争われる事案は増加の傾向にあります。離婚事件自体の数は，厚生労働省の人口動態統計の年間推計（平成25（2013）年）によれば，平成24（2012）年の離婚件数が23万5,406件と平成15（2003）年の28万3,854件から5万件近く減少しているにもかかわらず，家庭裁判所における調停成立ないし24条審判事件のうち未成年の子の処置をすべき件数は増加しています。特に，親権者の前哨戦ともいえる誰が子を監護するのかという子の監護者指定審判事件は平成15（2003）年度の3,600件から平成24（2012）年度には8,824件と2倍以上に，その調停事件は平成15（2003）年度の2万2,629件から平成24（2012）年度には3万1,421件と，1.5倍に増加しているのです。つまり，父母の離婚に際しての争点は，いずれが養育監護を担当するかということになりつつあり，必然的に葛藤の大きい場面にたたされる子どもが増加していると言え，その支援が喫緊の課題になりつつあります。

　ところで，現在，世界の多くの国では共同親権を採用しており，離婚後も双方が親権者として子の養育に関わることが規定されています。また，日本では協議離婚が離婚全体の8割を占めていますが，離婚時にどちらが未成年の子どもを養育するのか，面会交流をどのように実施するか，養育費用はいくらにするのかについて，司法ないし行政が関わり，また，離婚後の親としての義務を適切に果たすべきことを指導をする国が増加しています。この流れについては心理職の皆様も注意しておいて下さい。

II　子の奪い合いのケース

　夫婦の関係が悪化し，一方が子どもを連れて出て行ったような場合には奪い合いという事態があ

り得ます。このような奪い合いになった場合には，子どもの心情が非常に不安定になりますので，法的にも迅速かつ的確に紛争を解決することが求められます。

　このような奪い合いのケースには，これまでは地方裁判所における人身保護法の手続を利用することが多く見られました。現在も全くないわけではありませんが，最高裁第三小法廷平成5年10月19日判決（民衆47巻8号5099頁・判時1477号21頁）において，人身保護法の適用を限定し，審判前の保全処分の活用を説示しています（家庭裁判所において家庭裁判所調査官などにより子どもの利益を調査して決定すべきという考えが前提にあります）。したがって，最近では，父母以外の第三者の奪取に対する引渡請求以外においては一般的に家庭裁判所における判断が求められています。

　なお，国際的な子（16歳に達していない子）の奪取に関しては，国際的な子の奪取の民事上の側面に関する条約（ハーグ条約）が適用されます。すなわち，子の連れ去りが加入国間をまたぐ場合には，迅速に，子を常居所地国に返すことが命じられるようになっています。連れ去られた親LBP（Left behind parent）と連れ去った親TP（Taking parent）の国籍は問われず，日本人同士であっても適用されます。この条約は締結国間の子の移動ケースが該当し，日本国内の問題には適用がありませんが，今後は特段の事情がない限り常居所地で子の監護者を判断すべきであるという考え方が影響を持ってくるのではないかと思われます。

　そして，ハーグ条約においては，子どもの手続において子自身の異議が返還拒否事由となっています（ハーグ条約実施法48条1項）。また，裁判所は相当と認めるときは職権で子を返還申立手続に参加させることができます。当然のことですが，返還手続の結果にもっとも影響を受けるのは子どもであり，当然の規定であると考えられます。なお，異議申立等の手続に際して子の手続代理人が認められていますが，原則として弁護士が担うことが規定されています。

Ⅲ　子と同居していない親と子との面会交流

　別居中，離婚後を問わず，親権や監護権を持たず，子どもと別居している親が子どもと会って，子どもの成育状況を確認し，何より，親として子どもと交流をすることができるかが，現在，大きな問題となっています。従来は，解釈として認められていた面会交流ですが，近時，民法は，父母が離婚をするときは面会交流について協議を行うこと，協議がまとまらないときは家庭裁判所が定めることができると規定しました（民法766条）。また，離婚届出用紙には，養育費の定めと並んで，面会交流についての合意の有無について記す欄が設けられています。

　面会交流を行うかどうか，行う場合にはどのような方法でどの程度の頻度で行うかについては，関係当事者の間で意見がまとまらず，その結果，別居の親と子どもが長い間会えないことが多々あります。当事者間での主張は全く異なることが通常です。監護者・親権者として子どもを監護している親からは，子どもが心理的に負担が多い，DV（直接的な子どもへの加害の場合と配偶者へのDVがある場合を含む）があり子どもが恐怖心を抱いている，特に子どもが嫌がっているという拒否が多いという訴えが多く聞かれます。同居中の非監護親の行為によって監護親がPTSDを有しているケースで，頭では会わせなくてはならないと考えているにもかかわらず身体的な反応で体調が悪くなるなどの場合に，結果的に面会交流をするたびに監護親を心配し，監護親に受け入れられたいという思いから子どもが面会交流に拒否的になるという例もあり得ます。一方で，非監護親からは，子どもは監護親からそう言わされている，本心ではないのだと主張されることが多いようです。このような父母の主張の狭間で，子どもには大きな心理的な負担が生じることが見られます。

　そもそも，面会交流は親の権利という側面も否定はできませんが，本来的に親と接することは子どもの利益であり，子どもの立場から考えるべき

であると最近は考えられるようになっています。ちなみに，子どもの権利条約9条3項では，子どもの権利として明記されています（9条3項「締約国は，児童の最善の利益に反する場合を除くほか，父母の一方または双方から分離されている児童が定期的に父母のいずれとも人的な関係及び直接の接触を維持する権利を尊重する」）。

実際に面会交流に際しては，どのような方法を取るか，当事者のみの対応にゆだねるのではなく，心理の専門家立ち会いの下，徐々に問題を克服していく必要性が強く求められると考えます。

心理職の皆様への期待としては，監護親ないし非監護親から相談があった際に，目の前の相談者に一方的に支援をするのではなく，子どもの利益を最優先していただきたいと思います。もちろん，依頼者の意向に沿わなければ依頼を取りやめるといった態度を取る親も少なからず見受けられますが，依頼者の心情を受け留めつつ，少なくとも，子どものことを考える方向への指摘をいつも心がけていただきたいと思います。そのためには，監護親には同居中のトラウマの克服することによって面会交流を進め，また，非監護親には面会時の自らの圧迫的な態度に気づかないようであれば，それを指摘し，監護親に受け入れてもらえるように，その気づきを促す方向での働きかけを心がけることを切に望みます。もっとも，このことは心理士のかたのみならず，子の親権や，養育費，面会交流事件に携わる私たち弁護士も留意すべき事項であると思っています。

Ⅳ　具体的なケース

離婚における子どもの心情について，私にとって印象深かった事件をご紹介しておきたいと思います。

10年以上前になりますが，当時38歳の妻から相談を受けました。子どもは13歳の長女，6歳の長男，5歳の二男の子どもがいました。会社経営をしていた夫は若い女性と恋愛関係に入り，子どもができたことをきっかけに，妻には離婚を申し入れました。夫は性格的には優しい人であり，夫婦仲は決して悪くはなかったのですが，新しい恋に我を忘れ，妻に対しては「自分でできることは何でもするから別れてほしい」と申し入れたのです。

妻は優しい夫に心が残っており，非常に苦しみ，そもそも，職業経験もないことから離婚して一人になることに対してもかなり不安であり，嫉妬心，傷心の思いから心情的に不安定になりました。彼女は夫に対して，長女は引き取るが，下の男の2人は夫が引き取って育てるように申し入れました。長女は思春期であって，事態を認識できており，自分が育てるべきだと思ったようですが，男の子2人は年子で非常に仲がよく，子犬のようにいつもじゃれ合って一緒に過ごしていたこと，子ども3人を引き取る自信がなく，子どもたちに当たって，酷いことをしてしまいそうであったと言っていました。夫はこの案を了解し，男の子2人を引き取りました。ところが，離婚が成立して1年ほどしたとき，別れた夫が引き取った2人の子どもを連れて行方不明になったとのことでした。心配し，捜索した結果，子ども2人は友人宅で，夫は遺体で見つかりました。どうも，事業がうまくいかず，その責任をとって子どもを道連れにしようとしたが，それはできなくて一人で命を絶ったということでした。

その後，私の依頼者（母親）は，子ども2人を引き取り，4人で暮らしていきました。私は，子どもたち3人の代理人として，相続の相談を受けるとともに交流が続いていましたが，その6年後に母親が病死しました。そして，後に成人した子どもたち，特に2人の息子から私が質問を受けたのです。

「自分の父親と母親の関係はどうなっていたのか，自分たちは小さいときに父親と若い女の人と，さらには赤ちゃんと暮らしたがあれは誰だったのか，行ったり来たりした記憶がある，何が起こっていたのかとても不安で質問したかったが，父母のいずれにも聞くことができなかった。納得はできないまでも，何が起こってるのか教えてほしかっ

た」ということです。

　時の流れの中で，離婚においては夫婦共々，精神的に不安定でありますが，子どもたちに対する説明ということの重要性，不安視させない配慮と言うことが非常に必要であると感じています。もちろん，子どもの年齢に応じた対応が必要であることは当然ですが，6歳，7歳であったとしても，その年齢なりの説明の仕方があるはずであり，「あなたは何も心配しなくていい」というのは答えではないのではないかと感じております。

　もちろん，無用な心配をさせるべきではありませんが，年齢に応じた状況説明を考えていくべきでしょう。そしてどのような説明の仕方をすればいいのか，これには，心理の専門家のお力を借りる必要な場面かと思います。期待申し上げるとともに，ご尽力のほどお願い申し上げます。

司法・矯正領域

被害者支援

鶴田信子　公益社団法人被害者支援都民センター
Nobuko Tsuruta

I　はじめに

　平成27（2015）年度の犯罪白書（法務省法務総合研究所，2015）によれば，過去1年間の日本における刑法犯の認知件数は1,762,912件である。うち，重篤な犯罪被害（生命・身体の被害）にあった被害者は，31,979人である。しかし，この数字は警察に届け出がなされた（認知された）犯罪被害者数であり，届け出ることの少ない配偶者間暴力や虐待，性犯罪被害などは含まれていない。警察等に認知されていない犯罪の件数（暗数）を把握する方法として，国連の国際犯罪被害実態調査がある。平成24（2012）年の調査（法務省法務総合研究所，2013）によれば，過去1年間の犯罪被害率は11.9％で，国民の約1割が何らかの犯罪被害（日本の刑法に該当しない犯罪も含む）に巻き込まれた経験をもつ。したがって，実際には潜在的な被害者数は多いことが推測される。

　被害者および近親者は，生命を奪われ，身体を傷つけられ，財産を奪われるといった直接的な被害だけでなく，被害を被ったことによって生じる経済的，身体的，精神的問題といった副次的被害にも苦しめられる。「犯罪被害者等基本法」（以下，基本法）の中で，被害者支援は国，地方公共団体，国民の責務と定められている。基本的施策の中の「保健医療サービス及び福祉サービスの提供」（第14条）では，「被害者等が心理的外傷やその他の犯罪等により心身に受けた影響から回復できるようにするため，その心身の状況に応じた適切な保健医療サービス及び福祉サービスが提供されるよう必要な施策を講ずるもの」とされている。公認心理師は，被害者支援においても心の健康の保持増進に携わることが期待されるであろう。そこで，本稿では被害者支援のあゆみや犯罪被害による影響，基本的な支援やケアについて概説する。

　なお犯罪等を「犯罪及びこれに準ずる心身に有害な影響を及ぼす行為」と定義する。犯罪被害者等（以下，被害者等）とは，犯罪等により害を被った者およびその家族または遺族をいう。

II　被害者支援のあゆみ

　日本における被害者支援は，1980年の「犯罪被害者等給付金支給法」による経済的支援から始まった。警察による被害者支援の推進とともに，民間の被害者支援団体が日本各地で設立された。これらの現状を踏まえて，2004年に被害者等の利益保護を目的として基本法が制定され，国として被害者支援に取り組むことが明確化された。2005年には基本法に基づき，「犯罪被害者等基本計画」（以下，基本計画）が閣議決定され，内閣府を中心にすべての省庁，政府機関，地方公共団体でなすべきことが具体的に決められた。5年おきに進捗状況が見直され，第三次基本計画（2016）の「保健医療サービス及び福祉サービスの提供」の中で，PTSD（心的外傷後ストレス障害）対策として専門家の育成や医療機関での対応の充実，性犯罪被

害者対応や被害少年などへの対応の充実，犯罪被害などに関する専門的知識・技能を有する専門職の養成など，具体的な施策が義務付けられている。

Ⅲ　犯罪被害による影響

犯罪被害特有の問題として，司法手続への関与，マスコミ対応，二次被害の問題などが挙げられる。司法手続として，事情聴取や実況見分，証人出廷，意見陳述，公判傍聴，被害者参加などの負担が生じる。社会的に関心の高い事件ともなれば，不本意なメディアへの曝露やメディアスクラムなど，マスコミへの対応を余儀なくされる。噂や好奇，誹謗中傷の対象となり，周囲の心ない発言，善意に基づくものであっても安易な励ましや助言によって傷つけられることは少なくない。こうした周囲の言動によってもたらされる精神的苦痛は二次被害と呼ばれ，時には犯罪被害そのものよりも大きなダメージとなり，精神的回復の妨げとなる。

犯罪はある日突然，予期せず起こる。犯罪を起こす側には，明らかな悪意，もしくは他者に危害が及ぶかもしれないと認識しながらも行為を行おうとする意志が存在する。私たちは程度の差こそあれ，「世界は安全である」「他者は信頼に値する存在である」「自分は能力のある人間である」といった考えを持ち，その前提をもとに生活をしている。犯罪被害にあうと，これまで有していた前提や価値観，信念が根底から覆される。世界や他者，自己に対する信頼が損なわれる。これらの考え方の変化は気分や行動，身体面に影響を与え，日常生活に支障が及ぶことも少なくない。

また，生命や身体の被害にあった被害者等は，外傷的出来事を体験，目撃，直面することになる。事故や自然災害などのトラウマ体験と比較して，傷害や性犯罪といった対人暴力の被害において，心的外傷後ストレス障害（PTSD）を発症することが多い（Kessler et al., 1995）。悲嘆の中で外傷的死別（災害死，事件・事故死，自死）によるものは，自然死によるものと比べてPTSDを伴う割合が高く，悲嘆が複雑化しやすい（飛鳥井，2008）。

Ⅳ　被害者支援の実際

被害者等の回復とは失われた尊厳の回復であり，被害者支援では権利の回復と生活の回復，心身の回復を目指す。回復には多岐にわたる支援が必要であるものの，衝撃を受けて混乱した状態にある被害者等が，自らのニーズを認識して情報収集を行い，支援を要請することは極めて難しい。公益社団法人被害者支援都民センター（以下，都民センター）は東京都公安委員会から「犯罪被害者等早期援助団体」の指定を受けており，警察からの情報提供を受けて，早期から被害者の支援を開始することができる。被害者等の気持ちに寄り添いつつ，司法，医療や心理，生活などに関する状況や状態を把握して必要な情報を提供し，関係機関のコーディネートを行う（図）。

主な支援内容は，電話・面接相談，直接的支援と呼ばれる警察や検察庁，裁判所等への付添支援，自助グループ支援である。都民センターの支援の主な担い手は，被害者支援に関わる法律や制度，心理などの研修および支援の実務経験を積んだ犯罪被害相談員である。犯罪被害相談員が前述の支援に加えて，関係機関との連絡調整ならびに支援全体のマネージメントを行う。より専門的な精神的ケアが必要と判断された場合は，臨床心理士による心理面接を導入し，必要に応じてトラウマ関連症状の改善に有効なトラウマ焦点化認知行動療法を提供している。被害者支援センターは各都道府県に設置され，全国被害者支援ネットワークのHP（http://nnvs.org/）より検索可能だが，規模や支援内容はセンターごとに異なる。また，二次被害を受けやすい性犯罪・性暴力被害者においてはできるだけ1カ所で統合的な支援（法的，医学的，心理的，社会的支援など）を受けられるよう，ワンストップ支援センターの設置が全国で進められている。

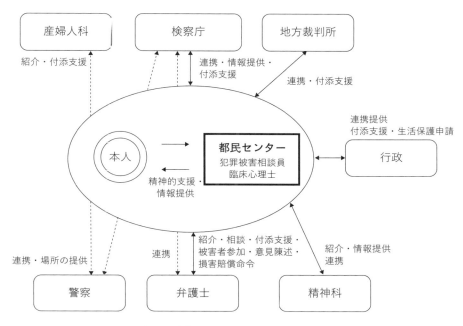

図　性犯罪被害における都民センターの支援例

V　こころのケア

　公認心理師に求められるこころのケアは，傾聴や心理教育，リラクセーションを中心とした支持的な対応と，PTSDや外傷性悲嘆に対応するより専門性の高い心理療法とに分けられる。被害後まもない急性期は，危機介入として積極的な介入が必要になる。急性期の対応としては，専門的なカウンセリングというより，サイコロジカル・ファーストエイドに代表される非侵襲的な対応が勧められている。被害者支援におけるこころのケアを目的として，被害者支援に携わる専門家や担当者の意見を集約した「犯罪被害者に対する急性期心理社会支援ガイドライン」(http://www.ncnp.go.jp/nimh/seijin/www/kyusei.html)が参考になる（中島ほか，2013）。

　人間に本来備わっている回復力を促進し，被害者自らが問題に対処できるように支援するというのが，被害者支援の基本的な考え方である。被害者等が安心や安全を感じられるように，温かみのある共感的な態度で，被害者等の気持ちに寄り添い，被害者等のニーズや意思を尊重しながら信頼関係を築くことを心がける。さしあたって困っている問題があれば，具体的な対応について話し合いながら，現実の問題に優先順位をつけて，対処できるよう手助けすることは，被害者等の自律感を取り戻す上で重要である。また，被害者等はフラッシュバックなどの反応に対して，自分がおかしくなったのではないかと不安に感じることがある。被害後に生じるトラウマや悲嘆反応に対する心理教育を行い，「異常な事態に対する正常な反応」としてノーマライズし，時間経過とともに回復することを伝える。回復しない場合も専門的な治療があることを説明する。心理教育はいたずらに不安が増すことを防ぎ，被害者等が心理的回復に対する見通しを得るのに役立つ。リラクセーションの各種技法は，心身の緊張の緩和や統制感の回復に役立つ。

　さらに，必要に応じてPTSDの治療法の導入を検討する。PTSDの治療技法として，ランダム比

較化試験にて有効性が証明されているのは，薬物療法としてはSSRI（選択的セロトニン再取り込み阻害薬）で，心理療法ではトラウマ焦点化認知行動療法とEMDR（眼球運動による脱感作と再処理法）である（Foa et al., 2010）。

VI　おわりに

被害者支援において公認心理師には，被害者等の現状や心理を理解した上でこころのケアにあたり，心理的な問題に限定せず幅広い視点に立って必要とする支援につなげること，PTSDに対応できるより専門的な心理療法の習得が求められている。

▶文献

飛鳥井望（2008）暴力的死別による複雑性悲嘆の認知行動療法．トラウマティック・ストレス6；59-65.

Foa EB, Keane TM, Friedman MJ & Cohnen JA (2010) Effective Treatment for PTSD. Second Edition : Practice Guidelines from the International Society for Traumatic Stress Studies. The Guilford Press（飛鳥井望 監訳（2013）PTSD治療ガイドライン第2版．金剛出版）

法務省法務総合研究所 編（2013）犯罪被害に関する総合的研究――安全・安心な社会づくりのための基礎調査結果（第4回犯罪被害者実態（暗数）調査結果．

法務省法務総合研究所 編（2015）平成27年版犯罪白書――性犯罪者の実態と再犯防止．

兵庫県こころのケアセンター：サイコロジカル・ファーストエイド実施の手引き 第2版 日本語版（以下のサイトからダウンロード可能：www.j-hits.org/psychological/index.html）

Kessler RC, Sonnega A, Bromet E et al. (1995) Posttraumatic stress disorder in the national comorbidity survey. Arch Gen Psychiatry 52 ; 1048-1060.

中島聡美ほか（2013）犯罪被害者に対する急性期心理社会支援ガイドライン．独立行政法人国立精神・神経医療研究センター 精神保健研究所成人精神保健研究部．

産業・組織領域

企業における心理支援

割澤靖子　株式会社商船三井 臨床心理士
Yasuko Warisawa

安藤美和子　株式会社商船三井 人事部長
Miwako Ando

I　はじめに

近年，経済・産業構造の急激な変化に伴い，労働者の労働環境は流動的で不安定かつ生きにくいものへと変わりつつある（高橋，2015）。それに伴い，心の健康問題を抱える労働者の増加が深刻な課題として浮き彫りになり，各事業場においてメンタルヘルス対策が急速に進められている。一方，産業・組織領域における臨床心理活動は，他の領域に比較して低迷しているという現状がある（下山，2015）。言い換えると，多くの事業場においては，心理職以外の専門職が主体となり，意味のあるメンタルヘルスケアを提供すべく精力的に活動しているのが現状と言える。心理職が本領域に根付くためには，まずはこうした現実を謙虚に受け止め，そのうえで貢献可能な道筋を模索することが求められると言えるだろう。

以上を踏まえ，本論では，産業・組織領域におけるメンタルヘルスケアと心理職の役割を改めて整理する。その後，一企業におけるメンタルヘルスケアの実践例を報告し，産業・組織領域における心理職の貢献可能性について，心理職と企業の双方の視点から検討する。

II　メンタルヘルスケアと心理職の役割

産業・組織領域におけるメンタルヘルスケアは，労働関連法規およびそれに基づく国の指針に則って推進される。なかでも，労働者の安全と健康に関する基本的な事柄を定めた「労働安全衛生法」（2014年6月に一部改正），および，本法律に基づきメンタルヘルスケアの原則的な実施方法を定めた「労働者の心の健康の保持推進のための指針」（厚生労働省労働基準局安全衛生部労働衛生課，2006）は，本領域に従事するうえで最低限知っておくべき基礎知識と言える。

指針においては，メンタルヘルスケアは，①セルフケア，②ラインによるケア，③事業場内産業保健スタッフ等によるケア，④事業場外資源によるケア，という「4つのケア」に分類される。そして「4つのケア」を適切に実施するため，各事業者には，心の健康づくり計画を策定し，①メンタルヘルスケアを推進するための教育研修・情報提供，②職場環境等の把握と改善，③メンタルヘルス不調への気づきと対応，④職場復帰における支援，という「4つの取組み」を積極的に推進することが求められている。つまり，本領域におけるメンタルヘルスケアの担い手は多方面にわたり，実施すべき対策も広範囲にわたる。ただし，現状として，心理職の配置は必須とはなっていない。また，上述の通り2014年6月に「労働安全衛生法」が一部改正され，従業員50人以上の事業場におけるストレスチェックの実施が義務付けられた。しかし現段階では，その実施者にも心理職は含まれていない。心理職として本領域に従事する場合には，こうした事情を踏まえたうえで，ケアの担い手となるチームの構成とチーム全体として期待さ

れる役割，そして自らの立ち位置に自覚的になり，他職種と適切に協働しながら実践する姿勢が求められると言えるだろう。

Ⅲ　一企業におけるメンタルヘルスケア

続いて，一企業におけるメンタルヘルスケア体制および実践例を紹介する。

1　メンタルヘルスケア体制

今回紹介する「株式会社商船三井」は，海運業を主要事業とする企業である。従業員は陸上社員と海上社員に区別され，海外勤務者比率が約20%を占める。こうした労働環境の特殊性・多様性を背景に，当社の相談の歴史は古く，1964年に初めて社内相談窓口が設置され，1988年には精神科医が，2005年には心理職（臨床心理士）が配置された。そして現在は，精神科医1名，心理職2名がメンタルヘルス部門に従事し，産業医をはじめとする医務室スタッフ，人事部健康管理推進担当，各部門管理職など，多方面の関係者と協働しながらメンタルヘルスケア業務全般に携わっている。企業内のメンタルヘルス部門の設置は比較的珍しく，当社の特徴と言えるだろう。また，人事部健康管理推進担当（以下，健康担当と略す）の存在も当社の特徴である。健康担当とは，社員の健康管理に関連する業務全般と医務室－各部門間の橋渡し機能を担う部門であり，2012年に人事部内の評価や異動を司る部門から独立して設置された。本部門の介在により，個人－医務室－健康担当－職場の連携体制が整い，多層的な介入がスムーズに行えるようになったと感じている。

2　メンタルヘルスケアの実践例

上記の体制の下，当社では「個別対応」「組織分析」「教育研修」の3点を中心にメンタルヘルスケアを推進してきた。そして，「個別対応」「教育研修」から得られる情報を「組織分析」に活かし，「組織分析」から得られる情報を「個別対応」「教育研修」に活かす，といった循環的な仕組み作りを行うことで，"多方向から推進可能なメンタルヘルスケア"の実現を目指してきた点に独自性があると考えている。以下詳細を示す。

1　個別対応

「個別対応」とは，一人ひとりに個別的なケアを提供する取り組みを指す。当社では，①社員が自発的に利用可能な相談枠（面接・電話・メール），②長時間労働による不調予防を目的とした面接枠，③新入社員・キャリア入社社員の適応促進を目的とした面接枠，④休職者のスムーズな職場復帰と再発予防を目的とした復帰支援枠，という4つの枠組みが存在し，全枠組みにおいて職場の問題からプライベートの問題まであらゆる相談に対応している。

心理職の役割は，各枠組みの窓口として，「組織分析」の結果も踏まえながら，生物－心理－社会モデルに即したアセスメントを行うことである。そして，就業上の措置もしくは内科的判断を要する場合は産業医・内科医，精神科的判断を要する場合は精神科医，保健指導を要する場合は保健師・看護師，職場の状況確認や環境調整を要する場合は健康担当など，必要に応じて関係者間で協働できるよう情報をつなぐ。もちろん，心理職のみで対応が完結することも少なくないが，"誰と，何を，何のために，どのような方法で共有するのか，その結果どのような成果が期待できるのか"といった点を本人とも十分に共有しながら積極的に情報をつないでいくことは，一対一の面接では実現し得ない大きなケア効果に繋がるものと実感している。

2　組織分析

「組織分析」とは，一人ひとりの社員が抱える問題意識を心理学研究の手法を用いて分析し，個人が特定されない形で可視化・発信する取り組みを指す。分析は主に心理職が担当し，結果の解釈は，社内事情を適切に反映させるべく，健康担当と医務室スタッフ間で相談を重ねながら慎重に行って

いる。分析対象とする情報は多岐にわたるが，特に2008年から導入しているストレスチェックの結果（専門職に対してのみ開示されるデータ）の量的分析，および，「個別対応」や「教育研修」の際に得られる社員の生の声の質的分析は，社内で生じている悪循環を読み解き対策を講じるうえで有用だと感じている。

3 教育研修

「教育研修」とは，メンタルヘルスに関連するさまざまな研修を実施することを指す。産業医は安全配慮義務の観点から，精神科医は精神医学的観点から，心理職は臨床心理学的観点からの研修を担当する。ここでの臨床心理学的観点とは，「組織分析」をアセスメント，「教育研修」を介入と位置付けることを意味しており，「組織分析」を通して社内の課題を把握し，それに即した研修を，健康担当と相談しながら毎回オリジナルに考案・実施している。こうした工夫は，他職種によるさまざまな研修との差別化という意味でも有用だと感じている。

Ⅳ 心理職の貢献可能性

最後に，産業・組織領域における心理職の貢献可能性について心理職と企業の双方の視点から検討する。

1 心理職の視点から

既述の通り，本領域において心理職の配置は必須ではない。ただし，当社では，情報および各取り組みをつなぐことで全体が機能的に循環する仕組みを整えること，すなわち"多方面から推進可能なメンタルヘルスケア"の実現に，心理職が貢献する道筋を独自に見出してきた。同時に，新聞・業界誌・雑用・雑談といった一見メンタルヘルスに直結しないものにも積極的に手がかりを求めながら，現在も新しい可能性を模索し続けている。

そして，実践に際しては，"既存の枠組みに囚われず目の前の状況に対して貢献できることを柔軟に模索する力"および"全体と焦点を的確に関連づけて理解する力"（村瀬，2016）の向上を課題としてきた。事業場ごとに事情は異なるものと理解するが，これらの力の向上は，本領域にて心理職が貢献するための必須条件と考えている。

2 企業の視点から

メンタルヘルス対応は保健師が担うケースが多い中，当社では前述の通り，早い段階から，精神科医および心理職が主体となって進めている。そして，個々人への対応のみならず，予防的・組織的なアプローチにおいても心理職が中核的な役割を果しており，より効果の高いメンタルヘルスケアの実現に大きく貢献している。

企業におけるメンタルヘルス対策は，専門的見地からだけではなく，企業の実態に即した取り組みか，という点が重要である。心理職には，業務内容や勤務形態，職場環境，社員の声といったその会社独自の状況も考慮しながら会社方針に則った施策を検討し，関係者と連携して実行していくことを期待したい。また企業側も，心理職の独立性を尊重しながらも全権委任とはせず，適切な範囲で情報を共有しながら協働して取り組むことが必要と考える。

Ⅴ おわりに

本論は，産業・組織領域の心理職の役割の一例を提示したものにすぎないが，多角的な議論の発展のための一資料となれば幸いである。

▶文献

厚生労働省労働基準局安全衛生部労働衛生課（2006）労働者の健康保持増進のための指針．

村瀬嘉代子（2016）心理臨床における判断．臨床心理学 16-3；261-264．

下山晴彦（2015）産業・組織領域における心理職の活動の発展に向けて．臨床心理学 15-3；289-292．

高橋美保（2015）産業・組織領域における心理職の現状と課題．臨床心理学 15-3；293-296．

産業・組織領域

組織における心理支援（自衛隊）

藤原俊通
Toshimichi Fujiwara

陸上自衛隊衛生学校 心理教官

I　はじめに

　近年自衛隊を取り巻く環境は，大きくそして急激に変化している。1990年代初頭に東西冷戦が終結して以来，大規模な武力紛争が起きる可能性は低下した。しかし複雑な地域紛争やテロ攻撃は数多く発生し，自衛隊には平成4（1992）年のカンボジア派遣を皮切りに多くの海外派遣任務が付与されるようになった。また平成7（1995）年の阪神・淡路大震災，平成23（2011）年の東日本大震災などの大規模災害が頻発し，災害派遣においても危険を伴う現場での任務が当たり前のように付与される時代になった。筆者自身の体験を振り返っても，平成元（1989）年の陸上自衛隊入隊当時には，日々訓練を積み重ね抑止力としての存在を示すことが任務であると考えていた。まさか四半世紀後に自衛隊がこれほど海外に派遣され，災害派遣任務に従事するようになるとは思いもしなかった。

II　自衛隊におけるメンタルヘルス

　このような時代の流れの中で，自衛隊の社会的地位や役割，任務，装備，訓練から人事制度そのものが変化してきた。そして何より危険をともなう任務の増加がもっとも大きな変化であったと言える。
　このような変化に対応するために自衛隊のメンタルヘルスもまた進化してきた。自衛隊におけるメンタルヘルスは，平成12（2000）年に行われた「自衛隊員のメンタルヘルスに関する検討会」の提言に基づいて進められてきた。この検討会は自衛隊員の自殺予防等について，有識者から専門的な意見を聴取するために行われた。その後自衛隊では検討会の提言に基づき，一次予防から三次予防にいたる一貫した自己完結型のメンタルヘルスの仕組みを構築してきた。この仕組みの中で今最も活躍が期待されるのが，平成20（2008）年から本格的に採用が始まった臨床心理士である。
　現在陸海空自衛隊には，約150名の臨床心理士が勤務しており，24万人の大規模組織のメンタルヘルスを支えている。陸海空によって若干の違いはあるが，臨床心理士は，病院，駐屯地，基地などで隊員とその家族のメンタルヘルスを維持向上するためのさまざまな業務を行っている。
　自衛隊で勤務する臨床心理士の多くは技官（いわゆる背広組）として駐屯地や基地などで勤務している。また自衛隊では各種事態対処や災害派遣など，生命の危険を伴う現場におけるメンタルヘルス活動を行う必要もあるため，陸上自衛隊では自衛官（制服組）の専門家を部内で養成しており相互に連携しながら活動している。

III　組織における心理支援の課題

　さて本稿では，防衛省・自衛隊における心理職の活動を振り返りながら，組織における心理支援の課題について，臨床心理士の立場を中心に考察する。

「臨床心理士の専門業務」（日本臨床心理士資格認定協会）には，臨床心理査定，臨床心理面接，臨床心理的地域援助，そしてそれらに関する調査・研究の4項目があり，組織における心理支援について考えるうえで参考になる。臨床心理士はこれらの専門業務を遂行することによって，人間のこころの問題にアプローチし，その解決を支援する。組織における心理支援とはまさに職員が抱える問題に対して，臨床心理学に基づく知識，技術により解決を支援することである。そこではさまざまな支援を通して，クライエントが自ら主体的に問題に向き合い，乗り越えていく過程が重視される。たとえばカウンセリングはクライエントの意思決定を支援する過程としての側面を持つが，それはできるだけ建設的で健全な意思決定であることが望ましい。そこで問題となるのが，建設的で健全な意思決定の基準は何かということである。すべての人は多かれ少なかれ何らかの組織や地域社会に所属している。したがって人が抱える問題は，ほぼ全てが個と環境の相互作用の結果として発生する。組織における心理支援においては，個々の職員に対する支援が職員に利益をもたらすことはもちろん，結果として組織の利益に結びつくことが望ましい。そしてまた組織に対して働きかけた結果が，一人ひとりの職員のメンタルヘルスに還元される必要がある。

したがって組織の心理支援においては，単にクライエントと向き合い話を聞くだけでは限界がある。その問題がどのような環境の中で生まれ，クライエントとの相互作用を経て大きな悩みに発展していったのかについての検討が必要である。そのために組織で働く臨床心理士は，まずクライエントが所属する組織，すなわち自分自身も所属する組織のことをよく理解しておく必要がある。ときに臨床心理士はクライエントとの関係性や守秘義務を重視するあまり，組織との関係が疎遠になってしまうことがある。しかしながら効果的な支援のためには，まず自分自身が組織の一員として溶け込み，組織の目的や文化などをよく理解しておかなければならない。

たとえば自衛隊のように「強くあること」を求める組織においては，休養やカウンセリングは弱さを助長するものと受け止められやすく，その必要性を訴えても容易に受け入れられるものではない。自衛隊が国民の期待に応えるためには，苦しいときに歯を食いしばって耐えることや，身を危険にさらしても任務を遂行することが求められる。これは自衛隊という組織が存在する目的に関わることであり，隊員たちは皆そこに所属し，価値観を共有しているのである。そのことを理解しておかなければ隊員に対する現実的な支援にはつながらないのである。

Ⅳ 臨床心理士の機能

そして組織における心理支援を効果的に行うためには，我々臨床心理士はその果たすべき役割を具体的な機能に区分して整理しておく必要がある。筆者は臨床心理士が果たすべき役割を以下の4つの機能に区分している。

①カウンセリング：カウンセラーの機能のうちもっとも中核に位置するものであり，クライエントとの温かい信頼関係を構築しつつ，問題解決過程そのものを支援する。

②アセスメント：支援が必要とされている問題の質や程度，問題解決に必要な資源など支援を効果的に進めるための情報を収集する。ここでいうアセスメントは心理検査のみを指すのではなく，クライエントや周囲の人々からの情報収集を含む幅広い意味で用いている。

③コーディネーション：クライエントを取り巻く複数の支援者・関係者を効果的に結びつけて，チームとして最大限の支援を引き出すための機能である。

④コンサルテーション：クライエントを取り巻く支援者・他領域の専門家などに対して行う専門的助言である。

これら4つの機能が実際の支援の場面でどのように発揮されるのかについて説明する。たとえばうつ状態などのメンタル不調に陥った隊員が，周囲から休養やカウンセリング，そして精神科受診などを勧められても素直に受け入れないことが多い。このような場合，上司が臨床心理士を訪れて支援が始まることが多い。上司から事情を聴く（アセスメント）とともに具体的な対処要領について助言する。ここでは上司自身の不安を受け止めるとともに，必要に応じて隊員をカウンセリングや精神科受診につなぐ要領について検討する（コンサルテーション）。

　上司の勧めに応じて隊員が来談してもカウンセリングに対する強い抵抗があることが多い。臨床心理士はまず，限界を超えてなお頑張ろうとする隊員の思いをしっかりと受け止め，支持する。そのうえで休養やカウンセリングを受け入れることは逃げや弱さではなく，むしろ本当の強さに結びつくのだということを伝えていく（カウンセリング）。

　自衛隊が求める強さとは，しなやかさを併せ持つ強靭さであり，そのためには効率的な心身の休養やメンテナンスが不可欠である。我々臨床心理士は個々のクライエントだけでなく組織に対しても，こうした内容について時間をかけて丁寧に伝えていく必要がある（コンサルテーション）。

　さらにこうした支援を行うためには，クライエント，上司だけでなく，家族や医療機関など複数の支援者との連携が欠かせない。クライエントの承諾を得た上でそれらの支援者を結びつけ，チームとして最大限の効果を引き出していくのである（コーディネーション）。

　このように組織で働く臨床心理士は，カウンセリングという唯一のツールでクライエントだけとつながっていれば良いわけでなく，アセスメント，コーディネーションそしてコンサルテーションといった複数の機能を適切に操り，組織そのものに働きかけていく必要がある。なお，組織においてカウンセラーが果たすべき機能については，拙著『組織で活かすカウンセリング──つながりで支える心理援助の技術』（藤原，2013）に詳しいので参照していただきたい。

V　おわりに

　最後に，現代社会の激しい変化は，組織における心理支援をより一層困難なものにしている。もともとカウンセリングは欧米における産業革命の中で，社会構造の変化への適応を支援する過程で発達したが，高度情報化，少子・高齢化をはじめとする変化の波は，まさに産業革命にも匹敵する変化としてあらゆる分野で影響を及ぼしている。これは防衛省・自衛隊だけが抱える問題ではなくわが国全体の問題であり，多くの組織がその目的達成のために，あるいは生き残りをかけて変化に適応しようとしている。組織自体がもがくなかで，個々の構成員が翻弄されるのは無理のないことである。そしてそれは支援者である臨床心理士にも当てはまる。我々はこれからの時代，自分自身が波間で揺れ動きながら，その立ち位置を見失わずに心理支援を続けていかなければならない。この困難な仕事を成功させるためには，たゆまぬ努力によって自らの専門性を磨いていく他に道はないと考えている。

▶文献

藤原俊通（2013）組織で活かすカウンセリング──つながりで支える心理援助の技術．金剛出版．

5

公認心理師に求められる
知識・技能

名称独占資格としての公認心理師の役割とその周辺

奥村茉莉子
Mariko Okumura

一般社団法人 日本臨床心理士会 専務理事

I　はじめに

本特集の趣旨は"臨床実践のために"公認心理師法を考えることである。ここではこの資格が名称独占資格であることについて考察する。

国家資格について厚生労働省は，一般に以下の説明をしている（厚生労働省ホームページより）。

> 国家資格とは，一般に，国の法律に基づいて，各種分野における個人の能力，知識が判定され，特定の職業に従事すると証明されるものとされる。
> ・国家資格は法律で設けられている規制の種類により，次のように分類できる。
> 【業務独占資格／名称独占資格／設置義務資格】
>
> **業務独占資格**　有資格者以外が携わることを禁じられている業務を独占的に行うことができる資格。
> ○国民の生命，健康，財産などを守ることにつながる業務について，国が責任を持って一定の基準を定め，一定の水準以上の知識・技術を修得していることを国又は都道府県が確認する必要があるもの。
> ※憲法第22条には国民の人権として「職業選択の自由」が定められているが，医師等の資格についてはその例外として規制されている。
>
> **名称独占資格**　有資格者以外はその名称を用いて業務を行うことが認められていない資格。
> ○一定の水準以上の知識・技術を有する者に対して資格を付与することによって，有資格者の提供する業務の質を担保する必要があるもの。
> ○有資格者以外の者に対して，当該資格の名称を用いて業務を行うことを禁ずることにより，事業主や利用者等にとって質の高い者の選択が容易となる。
>
> **設置義務資格**　特定の事業を行う際に法律で設置が義務づけられている資格。
> ○一定の研修を受けた者などに対して資格を付与することにより，危険を伴う業務などを的確に処理する必要があるもの。

公認心理師は上のうちの「名称独占資格」にあたる。

II　名称独占資格の定義

名称独占資格は業務独占資格と異なり，一定の水準以上の知識・技術を有する者に対して資格を付与することによって，有資格者の提供する業務の質を担保する必要があるもの。また有資格者以外に対して，当該資格の名称を用いて業務を行うことを禁ずることにより，事業主や利用者等にとって質の高い者の選択が容易となる（厚生労働省ホームページより）。

ちなみに業務独占資格とは，例えば医師法第17条に「医師でなければ医業をなしてはならない」とあるように，その業務を他の者が行うことが禁じられているような資格である。われわれに馴染みある主な業務独占資格には以下のようなものがある（（　）内は管轄官庁）。

> 公認会計士（金融庁），弁護士（法務省），税理士（国税庁），医師（厚労省），歯科医師（厚労省），弁理士（特許庁），一級建築士，不動産鑑定士，測量士（国土交通省），行政書士（総務省），司法書士（法務省），社会保険労務士，薬剤師，獣医師，助産師，看護師，準看護師，理学療法士，作業療法士，臨床検査技師，視能訓練士，臨床工学士，義肢装具士，救命救急士，言語聴覚士，診療放射線技師，歯科技工士，歯科衛生士，あんまマッサージ指圧師，はり師，きゅう師，柔道整復師，理容師，美容師（厚生労働省），その他国交省が関わる不動産関係，海上交通，航空関係の操縦，整備，通信などに関わるたくさんの資格，あるいは工事などの重機を扱う資格等。

　これらの業務独占資格は，その資格のない者が行うとさまざまな意味で危険あるいは不都合があることから，社会になくてはならない資格として了解できるものである。

　他方，公認心理師のような名称独占資格には，馴染み深い以下のような資格と，ほかに約200ほどの資格がある。

> 保育士，精神保健福祉士，社会福祉士，保健師，救命救急士，栄養士，管理栄養士，調理師，介護福祉士，キャリアコンサルティング技能士，中小企業診断士の他，建築，機械関係の技術，生活用品の製造技術，食品の製造技術，情報関連の技能など。

　これらの資格は，生活の中で人が経験しているさまざまな課題に対処する専門的な知識や技術の保持者として国が認定しつつも，業として行うに当たっては無資格者であっても排除しない資格である。たとえば，子育てをし，社会制度を勉強して諸手続きを自ら行い，健康に注意し，食事をバランスよくし，高齢者をケアするといった生活上の技能，知識，心配りなどにかかわる内容が，その業務となっている。

Ⅲ　公認心理師の業務

　以上国家資格の種類を述べたが，このように名称独占資格である公認心理師の業務はどれも，他の資格者あるいは無資格者が行うことを妨げないという環境のもとにおかれている。実際，心理職の国家資格ができるまでのこの20年間に，先行する対人援助職資格者は，さまざまな領域における心理相談や，子育て相談，家族の相談，また震災でのこころの支援などを行うことは，その職種の専門業務の一環であるとそれぞれに表明するに至っている。それぞれの領域特性に応じた業務の中で，その領域に必要な相談課題に対応する養成は，それぞれの専門性において成熟の途にあると思われる。たとえば，日本看護協会は看護師資格取得後の研修に力を入れ，看護大学，大学院の教育にリンクさせながら専門資格者を養成，認定している。一例を挙げれば，20年前から精神看護分野の専門看護師について「精神疾患患者に対して水準の高い看護を提供する。また，一般病院でも心のケアを行う『リエゾン精神看護』の役割を提供する」と定義している。心理査定にしても，総合病院では言語聴覚士が必要に応じて知能検査や種々の発達検査をすでに行っている。国民の立場からすれば，ここに競争や対立があることは全く生産的ではない。公認心理師には，時，所，配されている位置に応じて，関係する職種との連携を適切に行いながら，対象者にとって最適な支援が提供されるような対人支援職チームの一翼を専門性をもって担うことが期待されている。公認心理師法に記載されている業務は独占業務ではないため，時に他職種と役割を交換しながら，全体として適切な支援がなされるように役割を担うことが不可欠である。

　昨今あちこちで指摘されることだが，心理的な問題は社会の課題，絡み合う制度，問題の深刻化を受けて，複雑になっている。支援に携わるにあたって，関係する事柄が絡み合っている様相を認識することがまずは前提である。関連性を読み違

えると，支援の能率は上がらず，支援者同志が他を批判しあうような展開にもなりかねない。

IV　ある不適切育児の事例から

　その事例は心理職に負託される前に地域の幼稚園での支援がなされ，その紹介で保健師がかかわり，その仲介があって小児病院に受診することになった。心理的虐待状況に置かれた母子の事例である。医療的には顕著な身体発達の停滞があり，また情緒障害が顕著であった。この児の成長支援にあたり，その環境調整がにわかには困難であったため，生活の場を変えることがまずはゴールとされた。そのために福祉機関，精神科入院機関の利用に向けた家族の合意のための働きかけが担当心理職の仕事となった。心理的な困難を抱えている父母の合意形成には心理的アプローチが必要であった。また，児本人の合意のためには母子の遊び面接が必要であった。紆余曲折の詳細は省くが，本児は学校，児童相談所の連携会議を経て精神科入院となった。退院までの2年間，児の退院後の受け入れ家族の緊張緩和が目的となり，母親のカウンセリングを通して家族に働きかけ，児の将来への父親の期待の気持ちが涵養された。退院後は地元で中学生になったが不登校対応を教育相談センター適応教室が担い，心理相談への通所も併用した。ここでの目的は本人の表出能力の涵養であった。対人交流の困難は容易に改善しなかったが，少なくとも家族との生活に頼れる青年になった。この事例の経緯を通して，支援に携わる専門職は医師，看護師，保健師，教師，福祉司などであり，その時々に場に応じて，それぞれの専門性が含む心理支援機能を発揮した。心理職の意見は必ずしも教師や福祉司の賛成するところとならない経緯もあったが，互いの持ち場を尊重しながら支援を引き継いだ事例である。

V　支援者コミュニティにおける役割

　不登校，ひきこもり問題にしても，うつ，自殺問題にしても，その源泉をこころの内面でのみ考えることは今世紀の時代状況に即さない。対象のライフサイクルに応じた社会関係，家族状況，経済状況などが入り組んだ総体を認識しつつ支援することが必要である。心理支援にはこれまでさまざまな理論やアプローチが集積され，その理論や技法を適用することが専門性であると考えやすい。一方，専門性の中核が異なるさまざまな国家資格者も，こころへのアプローチを抜きには仕事ができない。したがって，これらを重ね合わせて支援者コミュニティがそれぞれの領域で形成され，公認心理師は問題に応じてその一端の役割を担うことが目指されるべきだろう。こころの問題がさまざまに含まれる全体の動きの中で，たとえば医療的治療方針から外れる問題が付随する事例の場合，まず外せない項目として，その疾病への治療方針があり，それに向かって稼動する他専門職の動きを補完するように，その外れる問題が全体方針に合流してゆける方策，あるいは全体方針の修正の方策を考えることになるだろう。組織で働く人が，その組織の目的に沿えないこころの問題を持つときは，その組織で働く公認心理師は自身もその組織の目的に沿ってそこにいることもあり，ある種の葛藤を経験しながらも支援のゴールを対象と話し合うことになるだろう。

　名称独占資格の専門職として公認心理師の課題のひとつは，さまざまな支援者コミュニティの中で，意見の疎通性を保ちながらその専門性を提供するよう，生涯研修をこころがけることであるとも言えよう。

職業倫理

伊藤直文　　大正大学
Naofumi Ito

I 「職業倫理」とは

「倫理」は，「人倫のみち，実際道徳の規範となる原理，道徳」（『広辞苑』）とされる。

人が人と共に生きていく上で守るべきみちがあるとすれば，あらゆる職業には，意識するか否かは問わずその職業ならではの「倫理」があるに違いない。その「倫理」性によって，職業人は，自らを律し，仕事に誇りも持つのである。

ただ，ここで主題となる「職業倫理」は，professional ethicsにあたるもので，村本（2012）が指摘するように「専門職倫理」とするほうがより的確に理解できよう。本論では，「社会的に認められた専門職業人に求められる特別な倫理性」を指すものとして「職業倫理」の語を使うことにする。

「専門職」とは何かについては多くの議論がある（田尾, 1991；河上, 1995；藤本, 2009；村本, 2012）が，ここでは，西島（1973）に従い，①その業務について一般原理が確立しており，この理論的知識に基づいた技術を習得するのに長期間の高度の教育と訓練が必要であること，②免許制度が採用されていること，③職能団体が結成されておりその団体につき自律性が確保されていること，④営利を第一目的にするのではなく，公共の利益の促進を目標とするものであること，⑤プロフェッションとしての主体性，独立性を有すること，という5点に整理しておく。さらにその具体化として，(a) その専門性ゆえに教育訓練についても当該職域の成員が主導して行うこと，(b) 職能団体には倫理基準が策定され，メンバーへの退会処分を含む懲戒処分を自律的に行いうること，などが派生するだろう。専門職は，自ら主張するのではなく，社会の側からその存在と機能が認め（求め）られ，それゆえに一定の特権的地位（名称の独占，結果的な職業的優位性等）が保証される。必然的に専門家は，専門的立場から公共の福祉に資する知見，活動を提供する公共的責任を担うことになるのである。社会的大事が起きたときに多くの職能団体が求められる役割を無償で提供しようとするのは，このような社会的意識に基づいている。

こう見てくると「専門職」を標榜する団体には，教育訓練を通じて専門性の水準を維持し高める努力を続けること，専門職としてふさわしくないメンバーへの自律的統制を行いうるシステムを整備すること，常に公共への責任ある役割意識を持ち続けることが，社会的な認知と信頼を勝ち得るための必須条件であると言えよう。専門職の「職業倫理」はその核をなすものと言っても過言ではない。

II 倫理と法律

自らの倫理基準によって会員の行動を律することを通じて，専門職能の立場を維持する機能がある以上，その専門職団体の「倫理」的規制は，一般社会を律する法律に先んじて機能することが期待される。すなわち，メンバーの不適切な行動が見出された場合，職能団体は，法的判断を待つこ

となく自律的に会員への統制を行うことができなければ、社会的信用を獲得することができない。また、専門家個人から見たときには、「法に触れないから（訴えられても負けないだろうから）大丈夫」という姿勢は許されないということになる。

今回、成立した公認心理師法においても、個人に関わる義務規定は、第40条「信用失墜行為の禁止」、第41条「秘密保持義務」、第42条「連携」、第43条「資質向上の義務」、第44条「名称の使用制限」に限られる。罰則があるのは、「秘密保持」と「名称の使用制限」だけで、しかも、「名称の使用制限」は実質的に公認心理師の立場を守るための非公認心理師への規制である。この辺りの事情は、社会福祉士法、精神保健福祉士法などでも同様である。他方で、日本臨床心理士会も含め専門職団体の倫理基準の記述ははるかに細部にわたっている。

専門職の倫理は、専門職としての理想を目指し、クライアントの最善の利益を追求しようとする「努力倫理」「積極的倫理」と、守らなければならない最低基準である「命令倫理」「消極的倫理」の両面を持つ（村本, 2012）。実際の各種倫理綱領でも、「原則」「基本倫理」の項に記載される「努力倫理」と「倫理基準」の各論として記載される「命令倫理」が書き分けられているのが通常である。専門職の行動が法的判断の対象となる場合には、この「命令倫理」に関わる部分が主に問題になろう。

「秘密保持」に関わる刑事責任を別にすると、多くは、何らかの不満を持ったクライアントからの民事上の訴えとして法的責任が問われることになる。その法的根拠の第一は、契約に関わる「債務不履行」である。心理カウンセリングをはじめ専門職の業務はクライアントとの契約によって始まる。契約によりクライアントは専門的援助を受ける権利を持ち、専門職は適切な援助を行う義務（債務）を持つ。もちろんカウンセリングは結果を請負うものではないので、悩みが解決しなかったからといってただちに債務不履行にはならないが、専門職側は十分な注意と専門的知見と技能をもって仕事をする義務を負うのであって、それが不十分でクライアントに損害を与えたときには、損害賠償請求の対象になる（民法第415条）。カウンセラーの守秘義務にかかる債務不履行で損害賠償請求を認めた判例も存在する（東京地裁平成7年6月22日判決）。債務不履行の場合には、医事裁判における「現在の医療水準に照らして」というものと同じく、現在の当該専門職に期待される水準が判断基準となることになり（出口, 2012a；伊藤, 2015）、その判断には倫理綱領が参考にされる可能性があるだろう。第二の法的根拠は、「不法行為による損害賠償」（民法709条）である。この場合は、加害者に故意・過失があること、権利侵害（違法性）があることが要件となる。援助を求めるクライアントは、多くの場合立場が弱く、傷つきやすい状況にある。専門職側の不用意な言動や不適切な援助行動によって傷つけられ、損害を生じることが十分に考えられ、この立論が可能であろう。

専門職の内発的規定である倫理と国家の定めた法は、相互に裏打ちし合いながら機能するものと考えられる。

III　心理専門職の倫理

ビーチャムとチルドレス（1997）は、生物医学の倫理として、「自律尊重」「善行」「正義」「無危害」の4原則を定式化し、さらにこの原則から派生して、医療専門職が患者と関わる場合の規則、「正直」「プライバシー」「秘密保持」「誠実」の4つを挙げた。ここからコウリーら（2004）は、「自律」「善行」「正義」「無危害」「正直」「誠実」を「クライアントの福祉（幸せ）に自分の実践がどの程度つながっているかを知るための出発点」として挙げた。わが国では金沢（2006）が、これらの原則を踏まえて心理臨床家の職業倫理を、①相手を傷つけない、傷つけるようなおそれのあることをしない、②十分な教育・訓練によって身につけた専門的な行動の範囲内で、相手の健康と福祉に寄与する、③相手を利己的に利用しない、④一人一人を人間として尊重する、⑤秘密を守る、⑥イン

フォームド・コンセントを得，相手の自己決定権を尊重する，⑦すべての人を公平に扱い，社会的な正義と公正・平等の精神を具現する，という7原則にまとめており，理解しやすい。

倫理基準の具体化としては関係諸団体の倫理綱領があり，いずれも上記の原則を踏まえてまとめられていると思われる。心理職能団体の倫理綱領の中では，日本臨床心理士会の倫理綱領がもっとも細部にわたり踏み込んで記述されているように見えるが，それでもAPA（アメリカ心理学会）の倫理原則・基準に比較すると質，量ともに乏しい現状がある。

心理援助の場では，専門的援助業務そのものが具体的に触知しがたい場合が多く，またクライエントは往々にして自律性を失い依存的になっている。このことが契約関係の不平等を極めて生みやすい状況であることを自覚し，心理専門職はクライエントの状態に沿いながら，適切な機会に可能な限りの説明をし，承諾を得る努力をすべきであろう。それがクライエントの自律と自己実現につながる援助になるものと考えたい。また，心理療法，カウンセリングの場では，治療者とクライエントの「関係」そのものが治療に活用され，クライエントからしても治療者の専門性への信頼は容易に「人格」への信頼につながりやすい。しかも，その関係への「思い」は，両者の間で不均衡であるのが普通であって，そのことが人格的な搾取や危害を生じやすいことを十分自覚する必要がある。心理職は「心に強い興味を持ち，心に触れることに喜びを感じる」からこそその仕事を選んでいるわけで，なぜ自分がそのようであるかという問いかけから始めることが倫理的思考の要諦であろう。

IV 心理職の当面する倫理課題

心理職がますます社会的に認知され活動の場が広がるにつれて，考えていかなければならない課題は多くなる。いずれも簡単に答えの見つからないものであり，ここではそのいくつかを指摘するにとどめる。

1 倫理教育の徹底と実質化

この10年余で心理臨床の倫理に関わる書物，文献は増えているが，関心は決して高いとは言えない。金沢（1996）の調査でも，わが国の心理専門職には，「性的関係」「秘密保持」など具体的基準への判断は厳格で遵守姿勢が強い一方で，複雑な要因を含む倫理判断は曖昧な傾向が見られ，実践的で矛盾に満ちた事例について倫理的，原理的思考を重ねる姿勢が身についていないのが現状であろう。臨床実践の中で倫理的思考を鍛えるような訓練方法を領域全体として開発していく必要がある。

2 教育・訓練過程における倫理課題

職業倫理の最優先事項がクライエント（その福利）を守ることである以上，実習機関における大学院生による事例担当の適否は極めて倫理的な課題である。クライエントへの告知で足りるものではなく，実習機関側が学生の能力，適性とケースとのマッチングに関わる判断基準を整備し，リスク管理の具体策も考えていく必要があろう。

さらに，シビアな問題として，教育・訓練の過程で，心理専門職として不適格な者を見出したときの対応も検討する必要があろう。修了によって受験資格が得られるとすれば，修了を認めないことさえ考えざるを得ず，学生評価の明確な判断基準を明示するとともに，そうした学生への系統的組織的指導法を整備する必要があろう（金沢，2001b；Lamb et al., 1987）

3 スーパーヴィジョンの位置付け

心理援助領域の教育・訓練過程において，スーパーヴィジョンの果たす役割は極めて大きいが，わが国では実施システムも未発達であり，論考も多くない（平木，2012；三川，2014）。ましてやその倫理的，法的位置付けについてはごくわずかしか言及されておらず（金沢，2001b），倫理綱領，ガイドラインなどへの記載もごく少数に留まっている（東京臨床心理士会，産業カウンセリング学

会等)。この点も米英の状況とは大きく異なる。

①スーパーヴァイザーのケースへの責任範囲，②スーパヴァイズを受けることのクライエントへの告知，③スーパーヴァイザーの資格，など整備しなければならない課題は多い。

4　組織の要請と専門職倫理の葛藤

心理職は，さまざまな機関，組織の中で仕事をする。その場合に組織（雇用者）の要請と専門職倫理の間に葛藤が生じることは十分にありうる。法的議論として，例えば出口（2012b）は「カウンセリング契約の当事者はスクールカウンセラー自身ではなく学校と児童・生徒であり，スクールカウンセラーは雇用契約に基づく学校管理者等の指示または依頼により，学校のカウンセリング提供義務の履行補助者としてカウンセリングを実施する」と明快に述べている。また，秘密保持について，「集団守秘義務」という概念によって機関との情報の共有を根拠づけ正当化しようとする試みもあり（長谷川，2003），貴重な議論ではあるが，このように考えることで，実務上の倫理的ディレンマが一気に解決するとは思えない。心理職が働くのは学校，医療，福祉領域のような機関自体が対象者の福利を第一に目指す組織ばかりではない。組織の要請と専門職倫理の間に齟齬が生じた場合に心理職はどのように行動すべきなのか。この点もAPA（2002）の倫理コードでは相当に踏み込んだ記述がなされており，わが国でも日本社会福祉士会の倫理綱領は「実践現場と綱領の遵守」の項で指針を示しているが，容易な課題ではない。この課題は心理職のより高度の専門性の確立と社会との関係の成熟を待ちながら，相当な時間をかけて検討されていくべきものだろう。

V　おわりに

心理職の職業倫理について基礎的理解と直面する課題を述べた。この分野でも心理学先進国であるアメリカの事情，発想が大きく影響していることは明らかだが，理念はともかく具体的な局面では，例えば契約時の文書の取り交わしなど，日本的感覚からは馴染みにくいものも少なくないだろう。倫理的思考の鍛錬，よりよい倫理基準策定への絶えざる努力の中で，わが国の実情に根ざしつつ，クライエントの利益に資する職業倫理を確立していくことが求められる。

▶文献

American Psychological Association (2002) Ethical Principles of Psychologists and Code of Conduct.

トム・L・ビーチャム，ジェームス・F・チルドレス［永安幸正，立木教夫 監訳］(1997) 生命医学倫理．成文堂

ジェラルド・コウリー，マリアンネ・シュナイダー・コウリー，パトリック・キャラナン［村本詔司 監訳］(2004) 援助専門家のための倫理問題ワークブック．創元社．

出口治男 (2012a) カウンセリング業務はどのように法律と関係しているか．In：伊原千晶 編：心理臨床の法と倫理．日本評論社．

出口治男 (2012b) スクールカウンセリングにおける子どもの法的地位について．In：伊原千晶 編：心理臨床の法と倫理．日本評論社．

藤本亮 (2009) コラム3 プロフェッショナルの法と倫理．In：松田純，江口正訳，正樹祐史 編：ケースブック 心理臨床の倫理と法．知泉書館．

判例時報1550；40-44 (1996)．

長谷川啓三 (2003) 集団守秘義務の考え方．臨床心理学3-1；122-124．

平木典子 (2012) 心理臨床スーパーヴィジョン――学派を超えた統合モデル．金剛出版．

伊藤直文 (2015) 心理臨床の倫理と社会常識．In：伊藤直文 編：心理臨床講義．金剛出版．

金沢吉展 (2001a) 臨床心理学の社会性．In：下山晴彦，丹野義彦 編：講座臨床心理学1 臨床心理学とは何か．東京大学出版会．

金沢吉展 (2001b) 臨床心理学の倫理．In：下山晴彦 丹野義彦 編：講座臨床心理学1 臨床心理学とは何か．東京大学出版会．

金沢吉展 (2006) 臨床心理学の倫理を学ぶ．東京大学出版会．

河上正二 (1995)「専門家の責任」と契約理論――契約論からの一管見．法律時報67-2；6-11．

慶野遙香 (2007) 心理専門職の職業倫理の現状と展望．東京大学大学院教育学研究科紀要87；221-229．

Lamb DH, Presser NR, Pfost KS, Baum MC, Jackson VR & Jarvis PA (1987) Confronting professional impairment during the internship : Identification, due process, and remediation. Professional Psychology : Research and Practice 18；598-603.

三川俊樹 (2014) スーパービジョンに関する一考察――日本産業カウンセリング学会におけるスーパーバイザーの養成・訓練を担当して．追手門学院大学地域支援心理研究セ

ンター紀要11；72-86.
村本詔司(2012)職業倫理. In：伊原千晶 編：心理臨床の法と倫理. 日本評論社.
西島梅治(1973)プロフェッショナル・ライアビリティ・インシュアランスの基本問題. 現代損害賠償法講座8. 日本評論社.
田尾雅夫(1991)組織の心理学［新版］. 有斐閣ブックス.

トータルなアセスメントとケースマネジメント

岩壁 茂　　お茶の水女子大学
Shigeru Iwakabe

I　はじめに

近年では心理職の職務の幅が広がりつつある。もともと個人のかかわりを重視し，内的世界を探索する心理療法のモデルを基調とした援助活動が日本の臨床心理学の実践の中心になっていた。そこでは，個人の意識の深い部分へと入るための心理面接技法や，投影法などが主要な方法となっていた。最近では，そのような個人の中に繰り広げられる世界だけを扱うアプローチをとるのではなく，個人の生活環境での適応を積極的に進めて，周囲の環境との調整を進めることが求められている。たとえば，教育現場では，教員や保護者との「連携」の方法に注目が集まり，医療では「リエゾン」などといった専門用語の普及とともに医療に携わる他の専門家との協力関係を作り，個人とその家族の支援にあたる。環境調整を含めた広がりのある援助活動が目指しているのは，患者の生活の場においてより長期的にその個人の適応と生活の質を確保することである。

このような広がりをもつ支援の考え方と実践のひとつがケースマネジメントである。ケースマネジメントという語から，心理職よりも，社会福祉，介護や看護を想像する読者も多いだろう。実際に，日本では，ケースマネジメントがケアマネジメントと呼ばれるようになり，認定ケアマネジャーの学会認定資格も整備されている。しかし，心理職にとってケースマネジメントの考え方は今後さらに重要性を増すと考えられる。そこで，本稿では，ケースマネジメントの概観を示し，心理職がどのようにケースマネジメントの考えを活かしていけるのかを示していきたい。

II　ケースマネジメントとは

ケースマネジメントとは，従来の生物学と心理機能に焦点を当てた精神医学に加えて，個人の物理・社会的環境を調整して，その個人の生存，成長，社会参加，そして精神障害からの回復やそれの管理と運営を促進する，メンタルヘルス実践の一形態と定義される（Kanter, 1989）。具体的には，重度の精神障害やより長期的な支援を必要とする個人に対して，一人もしくは複数名のケースマネジャーがつき，その個人の服薬を含めた精神科治療，住居を含めた生活環境，就労支援などすべての支援活動を統括してみて，長期的にその個人の適応と成長に関わっていくことを意味する。長期にわたりさまざまな形で支援を必要とする個人にとって，支援方法の特化・細分化や役割の分担化は，必ずしも肯定的な発展とは言えない。支援活動が分割され，細分化され，それぞれの支援を担当する者が他の領域での変化や問題について把握できないような事態も起こるため，効果的に支援を統合することが困難になってしまうことは少なくない。たとえば，精神障害をもったクライエントの多くは，短期的なかかわりではなく，より長期的な支援を必要としている。施設を転々と

したり，担当医や看護師も次々と替わっていくために，過去に効果的ではない治療法を異なる治療者や治療機関から繰り返し受けて，治療や支援に対しての不信感をもつこともある。その個人の特徴を熟知し，過去の病歴だけでなく被支援歴をわかっていれば，それだけ適切な支援を与えることができるはずである。ケースマネジメントは，支援活動の全体を見渡し，個人に長期的なプランと継続性をもってかかわっていくことを特徴としている。

ケースマネジメントの考え方は，1970年代半ば北アメリカで示され，それ以降非常に大きな注目を得て，それとかかわるさまざまな制度が欧米諸国で整備されていった。その後その方法や考え方も多様化し，メンタルヘルスだけでなく，福祉，医療をはじめとした領域においてさまざまな実践法やプログラムが発展している。たとえば，包括型地域生活支援プログラム（Assertive Community Treatment：ACT）は，重度の精神障害をもった人への生活支援を重視したケースマネジメントであるが，幅広い障害や問題に対してエビデンスが集まっている（Kanter, 2006）。日本でもこのケースマネジメントのプログラムを導入する試みが積極的に実施されてきた（たとえば，独立行政法人高齢・障害者雇用支援機構 障害者職業総合センター，2005）。また，レジリエンス，過去の成功体験，潜在能力などの強みに焦点を当てるStrengths model of case management（Rapp & Goscha, 2004）も近年注目されている。

ケースマネジメントの効果に関して，精神科領域では，統合失調症，PTSD，薬物依存，HIV感染者，合併症をもつ患者，自殺念慮をもつ患者，他者への暴力や危害を与える患者または犯罪既歴者，行動化の問題をもつ思春期の若者，などに対してのエビデンスが集まっている。身体的障害に関しても，結核，糖尿病をはじめとした慢性病に関しても同様に実証的支持を得ている（Fischer, 2016）。近年では，虐待の起こった家族と子ども，難民，依存症などの長期的な支援が必要とされる場合，ケースマネジメントは必須と考えられるようになっている。

また，近年では，災害時の心理ケアにおいてもケースマネジメントの重要性が訴えられている（Stough et al., 2010）。ただ単発の心理ケアや介入を一様に行うのではなく，一人ひとりのニーズに合わせて，支援や資源を提供すること，そしてより長期的にその個人の適応と心理的成長を追跡し，十分な支援活動の効果を検討するところまでを支援の流れとして捉えることが，より意義のある回復や復興につながると考えられるようになっている。

III ケースマネジメントのプロセス

ケースマネジメントの主要な構成要素は，エンゲージメント，アセスメント，計画，つなぎ，モニタリング，アドボカシーである（図1）。まず，個人を治療・支援活動にコミットしてもらうために，クライエントと信頼関係を作る（エンゲージメン

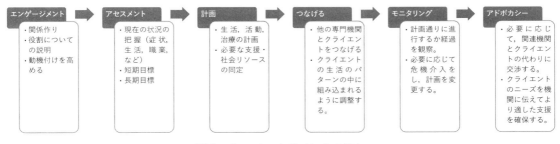

図1　ケースマネジメントの流れ

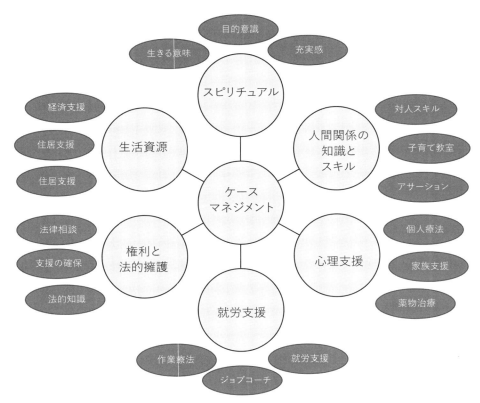

図2　ケースマネジメントで調整する領域

ト）。次に，個人の問題の重篤度，その期間，そこから起こる障害の大きさや範囲，そして個人のもつ能力やリソースを見立てる（アセスメント）。そして，それに基づいて適切な支援方策およびその導入に関する計画を立て（計画），社会にあるさまざまなリソースと個人を結びつける（つなぎ）。そして，その経過および変化を観察・記録する（モニタリング）。最後に，クライエントのニーズや関心などを理解し，クライエントが社会的資源を利用しやすくなるように交渉したり，障壁を取り払う手伝いをする（アドボカシー）。

　ケースマネジメントは，個人の内的世界を理解するアセスメントを超えて，個人の生活環境，そしてその個人を取り巻く資源とその限界までを視野に入れる。加えて，長期的にどのような支援が必要とされるのか時間軸に沿って広がりをもって将来像を描く「トータル」なアセスメントが鍵となる。心理療法・カウンセリングにおいてクライエントとかかわる場合，クライエントが就業をはじめとしたサービスを受けられるように，クライエントに代わってさまざまな機関と連絡するなどといった行動を取ることは少ないだろう。むしろ，クライエント自身がそのような機関を探し，適切な機関を選び出し，自ら連絡を取ることを後押ししたり，計画するのを手伝う，より間接的なかかわりが中心となる。もう一方で，ケースマネジメントでは，クライエントの必要に応じてより柔軟にこのような行為を行う。

　ケースマネジメントの支援活動には，社会にあるさまざまな資源と個人を結びつけ，個人と環境に働きかける多様な活動が含まれる。そこには，就労支援機関，住居の確保などから，社交，レク

リエーションまでが含まれる（図2）。家族や養育者・介護者とのコンサルテーションに加えて，社会・対人ネットワーク作りにもかかわる。重篤な心理障害をもつクライエントは，長年にわたり，家族以外の人間とかかわりをもつ機会がないため，対人スキルが不十分であるだけでなく，実際にそのようなスキルを学習してもそれを試すような対人的かかわりの場をもたないこともある。そのような場合，より長期的に段階的に適切な場を与えて，そこに入っていく学習体験の機会を作っていく必要がある。また，精神科医や看護師などの他の専門家との協働もケースマネジメント活動の一部である。

IV　心理職とケースマネジメント

近年，心理的援助は，エビデンス実践の動向に合わせて，効率化，短期化が進んでいる。また，さまざまな心理援助は，プログラム化され，クライエントに対して比較的短期間に均質的な介入が実施されるようになっている。このような効率化やプログラム化によって，数多くの介入者が一定のマニュアルなどに基づいて，広い地域において，数多くの対象者から一定の効果を挙げることが期待できる。もう一方で，短期的な介入では不十分なクライエントも少なくない。たとえば，もっとも短期化・マニュアル化が進んでいるうつに対する認知行動療法では，終結後に治療成果を挙げたクライエントの約半数が1年以内に再発することが報告されている（Wester. et al., 2004）。より重度な障害や長期的なケアを必要とする心理的問題は，数多くある。また，心理的な葛藤や問題は，ライフイベントに際して再燃することも多く，ライフサイクルの視点をもちながら，個人を援助することが極めて重要である。そのようななかで，心理職にある者が，ある特定の介入を得意とする技術者になることは危険である。むしろ，個人の生活という文脈，長期的な心理的健康の維持について考えるケースマネジメントの視点をもつことが重要である。

近年，連携やつなぎの重要さが訴えられているが，それに加えて，適切な「つなぎ」が行われたか，それによってどのような効果が挙げられ次に何が必要なのか，というところまでフォローアップすることが重要である。この一連の流れが作れない場合，支援がうまくいかないことがある。たとえば，精神科医に通っているクライエントが別の機関でカウンセリングを受け，さらに別の機関で就業支援を受けることがある。それぞれの担当者は，連携するために連絡をするかもしれないが，それぞれの支援を統括する役割を担おうとせず，治療を行う精神科医がもっとも核になっていると想定していることも少なくない。支援に携わるさまざまな職種の者が情報を共有すること，そして一貫した目標を共有できることの意義は大きい。加えて，これらのつながりの全体を見渡す中心を作るケースマネジメントの考え方は，支援全体の統制をはかる重要な役割をもっている。

ケースマネジメントの考え方において非常に重要なのは，生物－心理－社会モデルであり，身体と心，そしてそれを取り巻く環境について幅広い理論と知見を取り入れて，クライエントにとってもっとも適切な道を切り開いていくことである。そのためには，クライエントの問題に関する理解とクライエントがおかれた環境に関する理解が必要となる。たとえば，双極性障害でアルバイトを転々としている若者がクライエントの場合，双極性障害によって，継続的な取り組みができず，スキルを獲得しにくいこと，一定の生活習慣が身につきにくいこと，また，躁状態のときに心地よいため，それまでに作ってきたペースが乱れやすいことを知っておくことが重要であろう。特に，双極性障害には，薬物治療を長期的に継続することが必要であり，うつや躁のエピソードとうまく付き合っていくことを視野に入れる必要がある。症状から完全に開放されることを期待して，うつのエピソードが起こるたびに落胆するのではなく，そのようなエピソードがはじまる兆候を学んでしのぐ術とセルフケアを生活の中で感得していくの

を手伝うことが重要である。そうすることによって，安定した生活機能を獲得し，長期的にそれを維持することが確保されていく。このように広がりのあるトータルな視点をもつことがケースマネジメントの中心にある。

V おわりに

心理的援助の基本には，これまで個人カウンセリングを基調とした一対一の密室の援助が想定されることが多かった。物理的にも心理的にも守られた環境を設定することによってはじめて心理的に適切な援助が可能となると考えられていた。この心理療法をモデルとして援助のとらえ方は，個人を尊重し，治療関係という対人関係を基盤とした対人援助の原理を理解する上では非常に重要である。クライエントの欲求を理解し，クライエントにどのような支援が適しているのか見定めることは，まさに良い心理援助の基本である。ケースマネジメント理論と実践の基礎を作ってきたLamb (1980) は，経験豊富なセラピストの治療関係を確立し，維持する技巧こそが長期的なかかわりを続けるケースマネジメントの関係の基盤となるべきであると主張している。この関係性を基礎としてさまざまな資源を活用することで，包括的で効果的な支援が可能になる。

たしかに一方で，患者，またはクライエントを「ケース」と呼び，その人間性を「管理」するというケースマネジメントという用語事態に対する批判もある（Malcus & Kline, 2001）。しかし，ここで管理されるのは，資源やサービスであり，個人の支援のために向けられている。しかし，ケースマネジメントという概念が強調しているのは，継続的なかかわりであり，個人の長期的な生活の質を確保するための支援の考え方である。ケースマネジメントは「支援法」「介入」ではなく「人」を中心としており，心理援助者の基本的世界観を表しているとも言えるだろう。

▶文献

独立行政法人 高齢・障害者雇用支援機構 障害者職業総合センター (2005) 新たな地域精神保健福祉の動向奪取日本におけるACT（包括型地域生活支援）プログラムでの取り組み. 資料シリーズNo.31.

Fischer L (Ed.) (2016) Best Practices for Knowledge Workers : Innovation in Adaptive Case Manager. Lighthouse Point, FL : Future Strategies.

Kanter J (1989) Clinical case management : Definition, principles, components. Hospital & Community Psychiatry 40 ; 361-368.

Kanter J (2006) Clinical case management. In : JR Brandell (Ed). Theory & Practice in Clinical Social Work. Columbia Univ Press, pp.561-586.

Lamb HR (1980) Therapist-casemanager : More than brokers of services. Hospital & Community Psychiatry 31 ; 762-764.

Malcus L & Kline J (2001) Language as a saboteur : The case of "case management". Professional Psychology : Research and Practice 32 ; 188-193.

Rapp CA & Goscha RJ (2004) The principles of effective case management of mental health services. Psychiatric Rehabilitation Journal 27 ; 319-333.

Stough LM, Sharp AN, Decker C & Wilker N (2010) Disaster case management and individuals with disabilities. Rehabilitation Psychology 55 ; 211-220.

Westen D, Novotny CM & Thompson-Brenne H (2004) The empirical status of empirically supported psychotherapies : Assumptions, findings, and reporting in controlled clinical trials. Psychological Bulletin 130 ; 631-663.

変わりゆく家族への支援

大熊保彦　東京家政大学人文学部心理カウンセリング学科
Yasuhiko Ohkuma

　現代は家族に変化が起きている時代といわれるが，家族の何が変化しているのだろうか。

　家族を考えるために手がかりになるのが，ひとりひとりの個人に対して家族の果たす機能である。家族社会学の分野で代表的な Murdock (1949) は，家族の機能として性的機能，経済的機能，生殖的機能，教育的機能を挙げた。家族の変化というとき，それらの機能が次第に家族から社会に外注され，家族固有の機能が縮小する状態として論じられることが多い。では家族機能の縮小は，家族にどのような影響を与えたのであろうか。それを考える前に，まず家族心理学の視点から家族を考えておきたい。

I　システムとしての家族

　家族心理学の中心的な理論的基礎は，システム論である。家族をシステム論的にとらえたとき，家族システムは次のような特徴をもっていると考えられる。

1　家族集合

　家族集合は1人以上の成員からなる集合である。一般に集合には，集合を定義する内包，すなわち何（誰）をそのメンバーとするかというルールがある。家族集合は，社会的定義と個別的定義の2種類に区別できると思われる。

　社会定義は制度的（法的，契約的）な定義や文化的（宗教的，慣習的）定義で，例えば戸籍のように家族の外側から家族集合を定義する。家族機能が社会に外注される場合に，それを可能にするのが社会的制度である。

　一方，ある家族にとって家族の成員とみなす者は何かという，その家族が自ら行う個別的な家族定義は，一方で家族が所属する社会の制度的・文化的定義を採用しつつ，他方では個別の状況や個人的な指向・主張をも取り入れながらカスタマイズしている。ペットを家族としてみなす場合がその例である。その際の定義は，同一家族の成員間でも一致するとは限らないし，おおむね時間的に持続するとしても，必ずしも常に一定というわけではない。この定義が心理的な家族に深く関係するのであるが，定義として抽象的な言説として意識されるよりも，何を家族成員として挙げるか，ある者を家族として認めるかなど，具体的な場面ではじめて顕在化することが普通である。

2　集合の階層性と複合性

　ある集合はそれ自身がより大きな集合の要素となることができる。家族集合を要素とする地域，地区，村，町などの集合があり，それらを要素としたさらに大きな集合を考えることもできる。反対に，家族集合の中に，夫婦やきょうだいといった小さな集合が存在することもある。

3 相互作用とシステム

　家族集合は，単なる要素の集まりにとどまらず，定義によって決定された要素（成員）の間で相互作用している集合であり，構造をもった組織体として機能する。家族心理学ではこの集合をシステムとして考えることにより，システムが備えている一般的な性質を家族に適用することで，家族を理解する枠組みを手に入れることができた。

　定義から，あるいは具体的に家族成員を列挙・排除することにより，家族には境界が設定されるが，家族システムはそれによって区別される外界に存在する諸システムとの間で，エネルギー，モノ，情報を交換している。また，内部の集合（サブシステム）間でも同様の交換がなされている。すなわち，家族システムはさまざまなレベルで多様に相互作用している集合の総体であり，交換という相互作用の過程を通して家族システムを維持・発展させている動的な存在である。

4 システムのゆらぎ

　システムは多様に相互作用しているので，その過程でシステムにはゆらぎが生じ，不安定になるものである。ゆらぎはスープラシステム（あるシステムを要素とする上位の集合であるシステム，環境といってもよい）からもたらされることもあれば，サブシステムや要素によって生じることもある。外界との間で相互作用するシステムは，外部に開かれているという意味で開放システムと呼ばれるが，開放システムは常にそうしたゆらぎを生じる状況に晒されているといってよい。家族システムであれば，食事を準備する，母親が病気になる，子どもが成人するなどといった具合に，さまざまな領域とレベルでゆらぎを生じている。ゆらぎはシステムにとって脅威となることもあれば有利に働くこともあるが，どのような場合でも，システムはゆらぎを解消し安定するように作用する。安定化の方法は2つに大別でき，従来のシステムを維持しようとする第1次変化と，システムを組み替えて新しいシステムを再構築する第2次変化がある。システムはこの2種類の変化を用いながら環境に適応しようとするが，にもかかわらず，未体験のゆらぎ，可能な変化能力を超えたゆらぎ，第2次変化の失敗など，さまざまな理由でシステムは危機に陥ることになる。

II　変わりゆく家族

1　個別的支援――場と言葉への支援

　現在生起している家族の問題を，家族機能の外注化と家族システムの視点から整理し，支援の鍵にしたい。

　家族機能を外注化した結果，家族が協働して解決しなければならない問題の多くは家族の手を離れた。典型的な生活上の事柄でいえば，食事をめぐる作業は，エネルギーも食材もほとんどが外注であり，食事を作る作業も台所の電化により著しく減少した。その結果，一家団欒の機会も減少し，家族内のコミュニケーション機会も減少している。つまり家族システム内での，エネルギー（労働），モノ，情報の交換が減るという意味で，相互作用が減少しているといえよう。

　だが，人々はそれに代わるものとして，家族成員にある情緒的結びつき（親密性，やすらぎ等）を，家族機能として強調するようになってきた。例えば国民生活白書平成19年版でも，「『あなたにとって家庭はどのような意味をもっていますか』と尋ねたところ，『家族団らんの場』と回答した人の割合が66.5％と最も高く，『休息・やすらぎの場』の61.5％，『家族の絆を強める場』の54.9％がこれに続いている（図省略）。家族が過ごす場である家庭を人々がどう認識しているのかは，人々が家族に求めている役割を表していると考えられる。ここから，『休息・やすらぎを得ること』といった役割を家族に求める傾向が強いことが分かる」という指摘がなされている。

　上野（1994）は，家族とは個人が家族とみなす者が家族であると述べて，家族とみなされるさまざまな形態の集団を挙げている。これらの集団には，ニュアンスに微妙な差異はあってもそれが「情

緒的結びつき・やすらぎの場」となっているという共通項がある。彼らはこの集団を，自分だけであれ自分を含む集団であれ，それを〈家族〉という言葉で表現し，あるいは〈家族のようなものだ〉と規定している。このことは，伝統的な夫婦形態，生活共同体形態であるかに関係なく，人はいかに他者に親密さを求める存在か，その集団を〈家族〉としてラベリングしたがるか，ということを明確に示しているといえよう。

だが，情報化社会の発展は，SNSに代表される電子的結びつきを可能にするようになり，情緒的結びつきの様相も変化してきた。人々はネット上のコミュニティに参加することで，悩みを相談・解決したり，ネット外で新しい関係を構築したりするようになってきている。だがその限界も露わになりつつある。人々は電子的結びつきを介さない人間関係をどのように構築すればよいかわからないでおり，結びつきそのものを目的化するようになってきた関係に虚しさを感じている。地域の崩壊も，日々の交流の希薄さに輪をかけている。

このような者たちが家族に情緒的結びつきを求めても，うまくできないことが多い。家族システムとして考えると，充分なコミュニケーション（情報交換）がとれないために相互作用が解決に結びついていないと思われることがある。例えば「いじめ」にあっている子どもの中には，その状況を親に言えないでいる子どももおり，あるいは学校がそれに気づかないでいることもある。これは，言えない子どもが悪いとか，気づかない周囲に責任があるということではない。少なくとも，そのように個々の人や組織の問題という枠組みで考えても，解決にはならない。そうではなく現代の情報交換方法から欠落している面に目を向ける必要がある。それはおそらく，Watzlawick (Watzlawick et al., 1967) のいうメタ・コミュニケーション（関係や感情を伝えるコミュニケーション，主に非言語的に伝達される）が不十分であったり，それへの感受性が劣化・未発達のためであろう。いじめに限らず，社会問題が発生するときしばしば言われるのは，誰かが・どこかが気づいていれば，という言葉である。これは全く正しい。システムがうまく機能していないときでも，小さなゆらぎが連鎖してシステムに大きな影響を与えることは，システムの特徴である。

臨床心理的な支援に求められるのは，当事者でも関係者でも，彼らに安心できる〈場〉を提供すること，彼らの感情（気持）に関する感受性を高めること，彼らが自分の気持を表す〈言葉〉をもち使えるように援助することであろう。そのことが，家族システムや関係するシステムを動かす原動力になりうる。

2 社会的支援——つなぐ支援

家族をめぐる現代的な問題は，家族をめぐる定義の葛藤である。新しい家族観が登場し個人がそれに従った家族アイデンティティをもとうとしても，それと家族の社会的定義とが相容れない場合がある。現在の法体系では，制度的定義に該当しない家族は，外注した家族機能を利用できない。性的マイノリティの人々の多くは法的な婚姻関係として認められず，遺産相続も認められず，入院時や各種の社会契約において家族として認められない。当事者や周囲が婚姻関係を認めても，それは不可能である。

女性の社会進出に伴う諸問題は，制度的定義と文化的定義との葛藤である。伝統的家族観が少しずつ退潮している傾向が見えるが，しかし，世界経済フォーラム（World Economic Forum）が発表したジェンダーギャップ指数2015（2015年11月）では，我が国は145カ国中101位で，若干の進歩は認められるものの，依然として上位から70%という下位の位置にいる。保育所の不足に代表されるように，養育の外注は制度上整っていながら，社会がそれに対応しきれていないのは，文化的定義が変化していないからであろう。

家族システムにおける「問題」は，前述したようにゆらぎへの対応が十分ではない場合である。人や家族を取り巻く現在の環境は，必ずしも人や

家族にとって快適にできているわけではない。最適の選択であったかどうかは別にして，環境はこれまでの歴史の中で選択され形成されてきた結果である。したがってできることは，こちらを変えることと環境を変えることとを同時並行的に行うことでしかない。現代のように変化しつつある時代は，社会的にせよ個別的にせよ，家族定義の修正を迫られる時代といってもいいだろう。しかし，それらは容易に変化できるほど単純ではない。

　家族というシステムはさまざまな家族定義が交錯する場である。言い換えればある問題の解決をめぐって多職種との連携が必要とされる場とも言える。家族心理学・家族療法的アプローチは関係を調整することで解決を図ろうとする方法論をもっている。ひとつは〈つなぐ〉という姿勢である。問題の渦中にある当事者間の関係を調整することはいうまでもなく，支援する人々や組織をつなぐのも，臨床心理に携わる者の今後の役割であろう。

▶文献

Murdock GP (1949) Social Structure. New York : The MacMillan Company.（内藤莞爾 監訳（1978）社会構造――核家族の社会人類学．新泉社）

上野千鶴子（1994）近代家族の終焉．岩波書店．

Watzlawick P et al. (1967) Pragmatics of Human Communication : A Study of Interactional Patterns, Pahtologies, and Paradoxes. New York : W.W. Norton & Company.（山本和郎 監訳，尾川丈一 訳（2007）人間コミュニケーションの語用論――相互作用パターン病理とパラドックスの研究．二瓶社）

心理的援助の展開
アウトリーチ

松尾秀樹 特定非営利活動法人NPOスチューデント・サポート・フェイス (S.S.F.)
Hideki Matsuo

I なぜ今アウトリーチ（訪問支援）なのか？

1 特定非営利活動法人NPOスチューデント・サポート・フェイスについて

　まず，筆者が所属するNPO法人（以下，当法人）について説明させていただきたい。特定非営利活動法人NPOスチューデント・サポート・フェイス（S.S.F.）は，平成15（2003）年，不登校，ひきこもり，非行，ニートなど困難を抱える子ども・若者の自立支援を目的に設立された。設立当初から，「どんな境遇の子ども・若者も見捨てない！」というミッションの下，アウトリーチのノウハウと重層的な支援ネットワークをバックボーンに，複数分野の専門職によるチーム支援，専門家が常駐し適応訓練を行うコネクションズ・スペース（いわゆるフリースペース）の運営，認知行動療法的手法を組み込んだ体験活動，職親制度（職場体験などの受け入れ事業者ネットワーク）を活用した就労支援事業など，子ども・若者が社会的自立に至るまでの総合的な支援事業をおこなっている。平成27（2015）年末までに累計65,000件を超える相談を受け，そのうち延べ16,000件を超える家庭に相談員を派遣してきた。アウトリーチによる支援を提供した家庭の当事者や家族の9割以上から，学校への復帰，ひきこもり状態からの脱却，進学，就職など，何らかの客観的な改善報告を受けている。現在は，主に若年無業者いわゆるニートの職業的な自立を支援する「地域若者サポートステーション事業」（厚生労働省），子ども・若者育成支援推進法に基づき様々な困難を抱える子ども・若者に対してワンストップの相談サービスを提供する「佐賀県子ども・若者総合相談センター」（佐賀県），生活困窮者自立支援法に基づき，生活困窮者が困窮状態から早期脱却を支援するために伴走型の包括的な相談支援などを実施する「佐賀市生活自立支援センター」（佐賀市）などの委託事業を受託し，官民協働による支援活動を展開している。

2 アウトリーチが必要とされる社会的背景

　これまで不登校，ニート，ひきこもりなど，社会的生活を円滑に営む上で困難を有する子ども・若者に対する支援施策は年々拡充されてきたが，各種の実態調査（学校基本調査，労働力調査，若者の意識に関する調査等）を見ても不登校者数や若年無業者数，ひきこもり者数などは減少傾向にはなく，結果として社会的課題が改善されてきたとは言い難い。その背景要因のひとつとして，「施設型」支援の限界が挙げられるのではないだろうか。
　「施設型」支援は基本的には当事者の自発的な相談活動を支援の前提としているが，「相談にこない人たちや相談意欲のない人たちがもっとも困難な状況に置かれている」（田嶌，2016［p.282］）のである。こうした当事者の多くは，相談すること自体に抵抗があることが想定され，対人関係に苦手意識を持っていることが多いため，自ら施設に足を運ぶことは容易ではない。また，政府の新「子ど

も・若者育成支援推進大綱」において「(子ども・若者の)課題の複合性,複雑性」が指摘されていることに象徴されているように,虐待,DV,保護者の精神疾患,ギャンブル依存など家庭内の問題が絡み合った当事者に対しては,環境への直接的な働きかけが難しい「施設型」支援では抜本的な解決に至らない場合が多い。佐賀県の法定協議会における対応ケースの分析結果では,84%の子ども・若者が対人関係に問題を抱えるほか,精神疾患(43.4%),発達障害(42.8%)など特段の配慮を必要とする者の割合は高く,また,虐待,DV,保護者の精神疾患,ギャンブル依存,貧困など生育環境に問題を抱えている者も63.7%に上っている。さらにこれらの問題が複合化(84.3%)している現状からも従来の「施設型」のみに依拠したアプローチの限界が見えてくる。

社会的課題の改善を妨げる要因として,支援における「縦割り」の問題も看過できない。ライフステージごとにさまざまな支援サービスは存在しているが,例えば学齢期に焦点を絞ると,義務教育段階までは適応指導教室,スクールカウンセラーなど,さまざまな支援サービスが提供されるものの,高等学校段階になると支援サービスが減り,高等学校を中退するとますます支援サービスが限られてくるのである。

こうした点を踏まえると,これまでの支援体制だけでは本来支援が必要な社会的孤立状態にある子ども・若者に対して手が届きづらい側面があったが,決してこれまでの支援体制が否定されるということではない。現代社会における複雑かつ複合的な課題を解決するためには今ある支援体制に+αが必要だということである。

そういった意味で子ども・若者が抱えるさまざまな課題の本質的解決を図る上では,+αとして,家庭環境へ直接アプローチし,社会参加・自立に至るまで責任を持って支援するための手法であるアウトリーチが必要な時代となっているのである。

II アウトリーチを行うための前提

アウトリーチには,相談室対応とは異なる「現場の特殊性」がある。第一に,アウトリーチは家庭や居場所などの当事者のプライベート空間への介入(当事者によっては侵襲と受け取られる可能性もある)を伴うため,当事者の心理的な負担や抵抗が強い場合が多いということである。第二に挙げられるのは,基本的に当事者自身に相談意欲がない,もしくは非常に低い状態にあるということである。そして第三に挙げられるのは,相談室のように場所や時間などが限定されていないため,カウンセリングにおける「枠組み」の設定が難しいということである。

こうした点を鑑みると,ただ単に相談室ではない別の場所でカウンセリングを実施するという感覚でアウトリーチを行うとすれば,初期段階で決定的な失敗を招く可能性があるということも肝に銘じておかねばならない。

長期の社会的孤立状態にある当事者は,うつ,対人恐怖,強迫症状などの二次的な精神症状が生じやすくなる。また,社会的孤立による閉ざされた人間関係によって社会性を失い,対人関係上の苦手意識を強めてしまうケースも多い。さらにこれまでに複数の援助者の関与したものの不首尾に終わった当事者であれば,その体験から無力感や絶望感を抱き,「支援」そのものに不信や疑心を持ってしまうことも少なくない。こうした当事者の特性も理解したうえでアウトリーチを行う必要がある。

また,アウトリーチは「ネットワーク活用型の支援」であるということも前提として知っておくべきである。前述したように,アウトリーチは当事者にとっても負担や抵抗が強いものであるが,援助者にとっても負担が重い支援手法のひとつであると言える。そのため,一人でできることの限界を謙虚に認め,一人でできないことはチームで,チームでできないことは組織で,組織でもできないことはネットワークで対応するという視点を持つ

必要がある。ネットワーク構築にあたっては，全国的な視野を持った「機関レベル」，地域のボランティアやサークルなどの「市民活動レベル」，援助者自身の「個人レベル」のネットワークといった3つを意識したい。なかでも「個人レベル」のネットワークは，深刻かつ複雑な問題を抱えている当事者に対して支援を行う援助者自身のバーンアウトを防止するためには非常に重要なものである。

Ⅲ　アウトリーチを行う際の注意事項

アウトリーチを行う際の大原則として，当事者のひきこもる権利を尊重し，無理に会おうとしないということを挙げておく。会えるまでは帰らないと「持久戦」に持ち込んだり，帰ると言って帰らずに「待ち伏せ」したり，部屋に「強行突入」するようなことは絶対に避けるべきである。当事者の意思を無視した行為は，家庭内の緊張を高め，家族や第三者から「裏切られた経験」となって強い不信を生み，支援を受けること自体を完全に拒絶してしまうことにもなりかねない。

アウトリーチを受け入れるかどうかの判断はあくまでも当事者の「主観的感覚」であり，「主観的決断」によるもので，当事者にとって受け入れやすい存在として導入を図ることが必要である。そのため，援助者は「訪問してやっている」のではなく，「訪問させてもらっている」というある種の「ワンダウン」の気持ちを持っておく方が良いだろう。山上が言うように「人は他人の援助や治療とは受けたくないと思っているのが普通」であり，支援機関に足を運べない，あるいは運ばない状況にある者にとっては，その気持ちは当然強いものだということを念頭に置いてしかるべきである（山上・下山，2010 [p.235]）。そのため，とりあえず訪問して会ってみないとわからないというような場当たり的な対応では，その後の家族関係に悪影響を及ぼす可能性も否定できない。訪問後の影響を考えない安易な訪問によって当事者の警戒感や抵抗感を強め，家族との関係性を崩すことがないように留意すべきである。

また，当事者の了承が得られた訪問であったとしても，精神疾患や発達障害などの問題がある場合は，自傷他害など，当事者や家族にとって危機的な状態に陥る場合もあるため，その対策や措置（警察の介入や措置，医療保護入院など）について，関係者や関係機関と共に危機管理を進めておく必要もある。

アウトリーチを成功させるためには，家族や関係者との支援導入段階での入念な準備が必須である。「ドアを開ける前」の段階をいかに丁寧に行うか，これが成否のカギを握るといっても過言ではない。インテークにおいては基本的に家族や関係者に当事者の状況を聞くことになるのだが，家族も思い悩み，心身ともに疲弊している状態である可能性は十分に考えられるため，決して説教や詰問にならないように留意すべきである。また，保護者の言動の特徴や心理状態などを把握するために，できれば面談は数回に分けた方がいいだろう。

インテークでは，当事者の現状やこれまでの経緯，生活リズム，家族関係，趣味趣向，支援経験の有無など家族が把握している客観的な情報を聞き取ることは当然ではあるが，「避けるべき言動」について聞き取ることも必要である。例えば保護者との衝突がある場合，そのきっかけとなるキーワードや話題，また学齢期のイジメ体験や教員や上司からの暴言暴力など，過去にトラウマとなるような経験がある場合は，どのような暴力暴言を受けたのか，どのような構図だったのかなどを把握することで，致命的な失敗を避けることにも繋がる。当事者との関係性が構築されるまでは，何気ない言動に対して特に配慮が必要となるため，こうした事前の情報収集は欠かせない。

インテーク段階で目標とすべきことは，当事者にとって受け入れ可能な訪問の枠組を設定することであり，家族などを介した間接的な情報のやり取りを通じて，最終的に「一度だったら会ってもよい」程度の同意を得ることである。

Ⅳ　アウトリーチを行う上で必要な学び

　アウトリーチを行う際，対象となる当事者や家族に関する特性や傾向を一般的な知識として知っておくことが当然のことながら必要となる。不登校やひきこもりの特性や長期化のメカニズム，非行，発達障害や精神疾患など，当事者が抱える問題に関する知識だけでなく，虐待やDV，経済的貧困等，家庭内の問題に関する知識を有しておくことはアウトリーチを行う上ではベースとなる。また，基本的な社会資源（児童相談所，保健所，警察，法テラスなど）に関する情報やその活用方法を知っておくことも必要で，緊急対応などをする際は特に役に立つ。これらのことを学ぶための書籍などは多くあるが，ここでは子ども・若者支援において必要とされる内容が全方位的にまとめられている内閣府の「ユースアドバイザー養成プログラム（改定版）」を挙げておきたい。

　援助者として当事者に対する理解を深めることだけでなく，援助者自身についての理解も深めておく必要もある。それは，田嶌が指摘しているように「苦しい状況にある当事者ほど，関わってくる者が自分にとって何者であるかに非常に敏感で」あり，「難しい現場であればあるほど，そこに関わっていく者は，当事者にとって何者かということが厳しく問われる」からである（田嶌，2016 [p.283]）。これはつまり，当事者の目に映る援助者自身の生身の姿を知っておかねばならないということである。それを知るためのひとつの方法としては，関係性の取れた当事者に援助者の立ち振る舞いや話の聴き方などを評価してもらうことが挙げられる。

　アウトリーチを実践的に学ぶために，内閣府が年に1回募集している「アウトリーチ（訪問支援）研修」に参加することもひとつの手段である。この研修は「アウトリーチに必要とされる知識や技法及び地域における関係機関との連携並びに多職種が協調した支援の在り方等を実地研修も交えて広く習得する研修」となっており，実地研修については，1週間ほど，当法人を含む全国のアウトリーチ実績のある相談機関・団体におもむき，実践の中でアウトリーチを体得することが目標とされている。詳細については，内閣府のウエブサイトを参考にされたい。

Ⅴ　アウトリーチに取り組む者の覚悟

　「覚悟」という少々大仰な言葉になったが，決して命がけでアウトリーチに取り組むということではない。覚悟とは「危険な状態や好ましくない結果を予想し，それに対応できるよう心構えをする」（『大辞林第三版』）ことである。つまり，いかに丹念に事前準備をしてアウトリーチに取り組むかということなのである。そのためには，「Ⅲ　アウトリーチを行う際の注意事項」でも述べたようにアウトリーチを実施する以前に家族や関係者からの情報を元に，総合的かつ細緻なアセスメントをすることが必要なのである。それは当事者を支えるために必要な準備ではあるが，「アセスメントはある種，仮説である」（村瀬，2015 [p.42]）ので，当事者と実際に出会い，関係性が構築されていく中で柔軟に更新されていくものでもある。また，支援における限界設定，他の支援機関との連携，暴力や暴言，精神疾患などの諸症状が出現した際のリスクマネジメントも重要になってくる。こうした事前準備が，支援の決定的な失敗を回避し，成功率を上げることにもつながるのである。

　結果的にアウトリーチが成功し，支援の流れに乗ることができたとしても，社会的自立まで長期的な伴走を要する者も少なくない。それは，「Ⅰ　なぜ今アウトリーチ（訪問支援）なのか？」でも述べたように，子ども・若者が抱える問題や課題が深刻化・複雑化し，子ども・若者の社会的な自立困難性が高くなっているからである。こうした子ども・若者に対して，社会的な自立に至るまで「責任」ある支援を行うためには，社会全体として子ども・若者を支える支援体制，言いかえれば，「精度の高いセーフティネット」の構築・整備も必要となってくる。

「必要なことをするのが臨床」(山上・下山, 2014 [p.154]) であるとすれば，アウトリーチにおいては，当事者へ直接「手を伸ばす」だけでなく，当事者のニーズに的確に対応するための支援体制（ネットワーク）作りに「手を伸ばす」ことも重要な臨床と言えるのではないだろうか。

▶文献

村瀬嘉代子 (2015) 心理療法家の気づきと想像——生活を視野に入れた心理臨床．金剛出版．

田嶌誠一 (2016) 現実に介入しつつ心に関わる 展開編——多面的援助アプローチの実際．金剛出版．

山上敏子, 下山晴彦 (2010) 山上敏子の行動療法講義with東大・下山研究室．金剛出版．

山上敏子, 下山晴彦 (2014) 山上敏子の行動療法カンファレンスwith下山研究室．岩崎学術出版社．

さまざまな領域における多職種協働＝チームワーク

津川律子　　日本大学文理学部心理学科
Ritsuko Tsugawa

I　多職種協働とは

　タイトルになっている「多職種協働」（multidisciplinary collaboration）（津川・岩満，2011）には、日本語も英語もたくさんの類語や類似概念が存在するが、その実際の取り組みについては各々の創意工夫に委ねられているのが現状であろう。

　日本語の「多職種」は、多くの職種という意味でわかりやすい。multidisciplinaryという英語には、多くの学問が総合的に協力するという意味が含まれている。

　collaborationは「協働」と訳されることが多く、cooperationは「連携」と訳すことが多いが、そうでないことも少なくなく、邦訳も確定しているわけではない。collaboration（協働），cooperation（連携），coordination（調整）などの関連する用語や概念は、実際のところ、多くの対人援助職間で共通に用いられるような明確な定義が確立しているとはいえないのが現状であろう。このことは、実践現場でより良い協働や連携を模索していく過程で用語の定義や概念が形作られ創造されてきたことに理由がある。他方で、概念を整理しようとする試みが邦語でも行われており、例えば、吉池・栄（2009）は、「同じ目的をもつ複数の人及び機関が協力関係を構築して目的達成に取り組むことを『協働（collaboration）』」とし、「協働を実現するためのプロセスを含む手段的概念を『連携（cooperation）』」と考え、『『連携』概念の可視化された実態として『チーム（team）』」を想定している。

　今後も、対人援助専門職間で共通に使われる協働や連携に関する用語と概念の構成が行われていくであろう。

II　心理専門職における連携

　公認心理師法では、第42条で「公認心理師は、その業務を行うに当たっては、その担当する者に対し、保健医療、福祉、教育等が密接な連携の下で総合的かつ適切に提供されるよう、これらを提供する者その他の関係者等との連携を保たなければならない」と規定されている。公認心理師に限らず、連携や協働は必要ないと考える対人援助専門職は現在ではあまりいないであろう。支援の目的を共有する状況では、どの職種もそれぞれの専門性の違いを越えて「連携は大切」「協働しよう」となるであろう。法律で連携が規定されていなくても、倫理規定などで連携を義務づけている対人援助専門職は多く存在している。

　そして、連携や協働という比較的、最近流行っている用語にこだわらなければ、チームの必要性やチームワークの大切さに関しては、古今東西、数多の人たちが考えてきた。しかし連携や協働のあり方そのものの定式化には至っていない。上手くいったチームは事例として記録や記憶に残っていても、その本質が何であったかはまだ十分に整理されているとは考えにくい。あるいはこうした

営みを理論化する作業もまだあまり行われていないように思う。筆者が理論化の必要を感じるのは，連携や協働を単なるスローガンや個々人の臨床センスといった話に終わらせないためである。どの対人援助職でも次に述べる教育（体験学習を含む）に連携や協働が取り入れられるために，「現場で得られたものを緻密に理論化していく研究と，対人援助に関わる多くの職種で共有・応用できる訓練方法の開発」（津川，2016）が望まれる。

III 連携に関する養成教育

対人援助職における最初の経験は，職場に出る前の養成校における学習体験にある。具体的には，Interprofessional Education（IPE／専門職連携教育）が養成校の初年次から行われることが望まれる。そして，多職種が"同じ場所で同じ時を共有して"学び合うことが彼らの将来の連携実践にとって有効であると思う。公認心理師に限らず，どの職種においても教養やその職種としての専門性を高める教育のみでなく，入学した初年度に異なる職種を目指している学生たちと1日でもいいから一緒に課題に取り組む実習教育があるとよい。自分たちの専門教育の"後で"連携教育を考えるのではなく，専門職を目指して入学した早い時期に行うことが肝要と思う。フレッシュな感覚で関係職種と自分が目指す職種との異同を体験すると，目指す職業の輪郭がクリアになると思う。もちろんこうしたIPEの効果研究も必要であろう。

加えて，IPEが行われる場合は，その養成校が置かれている地域内の，異なる対人援助専門職が教育のために参集することになるので，地域連携が進む契機になる。養成校においても目に見えないメリットが大きい。地域密着型のIPEが対人援助専門職養成の鍵になる日は近いのではないだろうか。ちなみに，WHO（2010）も"Interprofessional Education and Collaborative Practice"を奨励している。

IV 連携実践としてのカンファランス

職場に出た後は，実践そのものが連携である一方，連携の場としての"会議"が大切になってくる。"会議"の名称も，事例検討会，症例検討会，ケースカンファレンス，処遇会議，処遇検討会議，指導会議，ネットワーク会議，ケア会議，ケアカンファレンス，ケアプラン会議，サービス調整会議，サービス担当者会議等々，施設によっても地域や活動領域によってもさまざまなものがある。名称はともかくとして，ここでいうカンファランスを「対象（個人だけでなく家族等を含む）の支援を中心的な課題とした異なる複数の対人援助専門職を含む関係者の会議」ととくくれば，公認心理師法第42条で書かれている「保健医療，福祉，教育等」における会議をイメージできようか。

地域の心理相談室を一人で経営している心理専門職であったとしても，その心理相談室は地域にあり，対象者は地域で生活し，関係者がいる。公認心理師が活動するには地域が大切であることは論を俟たない。「チーム学校」「チーム医療」など，「チーム○○」は増え続けており，これらを元永（2015）は「コミュニティ・チーム」と総称している。

カンファランスは，それがある施設内の会議であっても地域の会議であっても，「むしろ，意識的に意見の異なる多様な専門家を集める」（野中，2014［p.11］）ことが大切で，通常は，①該当事例の主報告者，②司会者，③記録係，④参加者がいることになる。この役割が固定化している会議が少なくない。とくに，指導的な立場の専門家が司会を務め，どのケースでも持論を展開するといったこともあるが，それはチームでの会議というよりも，個人による思想教育に近くなってしまう。誰が司会を務めるかは大切で，チームを育てるためにも司会は特定の人や職種ではなく，交代したほうがよい。交代しにくいとすれば，それは相手が雇用者であったり，人事権をもっていたり，年長者であったりなど，さまざまな力関係が作用することによるものと思う。連携する文化を育てる

ためにも，前述のIPEで多職種が"同じ場所で同じ時を"共有して学び合うことを通じて，開かれた会議の空気を初期から体験的に学んでおくことは，意味あることになろう。

カンファランスは，各自の能力（competency）を育てる場でもあり，それぞれがもてる能力を発揮できる場でもある。

V　連携におけるマネジメント能力の必要性

多職種協働や連携のためにはマネジメント（management）能力が必要である。マネジメントという言葉からは，経営や組織と関連するイメージをもつと思う。実際，「運営管理」と訳されることも少なくない。心理学分野では，主に産業・組織心理学が研究してきた分野ではなかろうか。臨床心理学分野では，アンガーマネジメント，ストレスマネジメント，リスクマネジメントといった用語には馴染みがあるだろう。加えて，例えば，力動的な見方を個人でなく組織に適応することで，上手くケースマネジメントができる実践家も少なくないだろう。ケースワークとケースマネジメントの違いは福祉学の得意領域であろうが，連携のためにはどの対人援助専門職においてもマネジメント能力が必要である。ところが，マネジメントくらいOJT（On-the-Job Training）以外で学ぶ機会が少ない能力はないのではなかろうか。字数の関係で，ケースマネジメントの重要性に関してこれ以上はふれられないが，心理専門職におけるマネジメント能力の育成について検討することは喫緊の課題と思われる。

VI　架空事例

ある男性（A氏）は，子どもの頃に大病をし，何回かの入院生活を含めて10代までの多くの時間をB病院で過ごした。小児科の主治医や看護師に懐つき，病気そのものはゆっくりと改善していったが，多くの時間を病院内で過ごしたため，情緒的な発達の遅れを心配した主治医から，臨床心理士Cに紹介された。10代の後半だったA氏は，Cに紹介されたことで，主治医をはじめとする小児科スタッフに見放されるのではないかという不安が強かった。家庭では一人っ子で，子どもの少ない都心に居住していたため，近所の幼なじみも少なかった。両親は，A氏がCと会うことに，表だって拒否的ではないが期待している様子もなかった。

C自身が医療機関の中でA氏と会っていたため，医療外の人間関係ももてるように，MSW（Medical Social Worker／医療ソーシャルワーカー）と相談のうえ，地域の保健師につないだ。A氏とウマの合う保健師に担当してもらえるようになり，A氏は少しずつ成熟に向かうかに思われた。それを見届けたCは病院外へと転出した。そんな矢先，A氏が交通事故の目撃者になるという事態が起こり，目撃証言に関する警察官を含む関係者とのやり取りの中で不眠や抑うつ気分が出現し，それを心配した母親が少し遠くの精神科病院に受診させた。A氏は入院を希望していなかったが，入院を提案され，外来で暴言を吐いて抵抗し，医療保護入院となった。拘束・隔離された数日間の屈辱がA氏のこころを大きく占めたまま退院し，A氏は二度とその病院に行こうとはしなかった。この頃，定年退職した父親が転居を考え，一緒にA氏も別の地域へ行くことになり，馴染んだ土地，信頼を寄せていた保健師，医療機関などから離れることになった。

こうした経過を背景に，A氏はCがいる医療外施設を訪れるようになり，入院生活における屈辱を語り続けた。A氏が転居した地域は，以前の居住地よりもメンタルヘルスの支援が盛んではなく，医療や福祉関係の施設は拒否して，不定期アルバイトを選び，唯一の趣味に近い愛犬との散歩にいそしんでいた。すでに中年にさしかかっていたので，ここは頑張りどころとCは考え，A氏と両親との話し合いのうえ，A氏の望みであった専門学校に行くことになった。しかし，インターネットの情報以外に，どの専門学校がメンタルヘルスの手当てを含めて現実的によいのかという情報が得られなかった。そこで，Cは予備校に勤務してい

る同業者を通じて進路相談に熱心な元教諭にA氏へのアドバイスを依頼し，A氏は希望する専門学校を選び出して入学した。

学校生活は予想以上にA氏にとって幸せな時間となり，交流会などにも参加するようになった。卒業すると仲間とも次第にバラバラになったが，この時に知り合った女性と籍は入れないが同居するようになり，子どもがほしいと願う日々である。地元で生活の様子を見守ってくれる人物の必要性をCは認識し，NPO法人のソーシャルワーカーに依頼して，A氏と実質的な妻の様子を時折，気にかけてもらえるようになった。Cのところに尋ねることは少なくなり，たまに「生きていますか？」「転勤していませんか？」といった短い電話がある。

A氏のケースでは，小児科医と臨床心理士，MSWと臨床心理士，保健師と臨床心理士といったように，対人援助専門職が個々につながっている。多職種協働やチームワークといった視点でみると，全体としてチームでA氏やその家族を地域で支えているとは言い難い。しかし，個別的ではあるが連携は存在している。A氏に限らず，ライフサイクルの各シーンにおいて必要な職種（前面にたつ職種）や関わり方は違ってくる。はじめから理想的なチームを考えるというよりは，①必要とするタイミングを見逃さず，②適切な社会資源をみつけるために日頃から関係職種と交流をもち，③連携している相手が動きやすいような立ち位置で，④目立たなくとも本人と家族を支えるような実践を続けるのが，心理専門職ではないだろうか。

▶文献

元永拓郎（2015）新しい資格「公認心理師」は心の健康に寄与するか？．こころの健康30-2；20-27.

野中猛（2014）多職種連携の技術（アート）――地域生活支援のための理論と実践．中央法規出版．

津川律子（2016）公認心理師の活躍が期待される職域・活動（総論）．In：野島一彦 編：こころの科学（公認心理師への期待）．日本評論社，pp.74-77.

津川律子，岩満優美（2011）チーム医療／多職種協働／臨床心理士の役割と専門性．臨床心理学11-5；762-765.

吉池毅志，栄セツコ（2009）保健医療福祉領域における「連携」の基本的概念整理――精神保健福祉実践における「連携」に着目して．桃山学院大学総合研究所紀要34-3；109-122.

WHO (2010) Framework for action on interprofessional education and collaborative practice. (http://www.who.int/hrh/resources/framework_action/en/ ［2016年6月1日取得］)

心理面接の要諦

村瀬嘉代子　　大正大学大学院／日本臨床心理士会
Kayoko Murase

I　はじめに——心理面接の特質

　行為としての面接は，直接会って言葉を交わすなど，さまざまに多くの状況で用いられている。国勢調査や調査研究のツールとしての面接，入学試験や就職試験の面接など，面接はそれぞれの目的によって施行方法に当然違いがある。

　さて，心理面接とは人が生きていく上で抱く心理的な困難，生き難さに対して，被支援者との（信頼）関係をもとに，被支援者の必要性に応じて，さまざまな心理学的技法を用いて，支援し，問題の解決や生き難さの緩和を目的とする営為であり，心理職者の行う中心的な専門行為とされている。あくまでも被支援者のために役立つことが目的であり，いわゆる資料収集，調査とは目的が異なる。心理面接で用いられる心理学的技法は精神分析，クライエント中心療法，行動療法，認知行動療法，遊戯療法など，その他，対象者や問題の性質に応じるべく種類は現在極めて多く存在するが，ここでは対人支援の方法として，いずれの技法にも通底して存在している，もしくは存在することが期待される心理的対人支援の面接の要諦について述べる。

II　心理面接の基底を支えるもの

　心理面接は被支援者との関係，換言すれば信頼関係をもとに被支援者の問題解決を目的とした，あるいは生きやすさを増すための協働作業の過程である。したがって，心理面接を構成する要素としては面接者が用いる技法ばかりではなく，面接者のあり方が大きな意味を持つ。青木省三（2006）を始め優れた先人等は「人を人としてていねいに遇する」基本姿勢が心理面接を支えるものだと説く。感傷的な憐憫などではなく，面接者は苦悩や困難を抱えながら生きる人への畏敬の念を自然に持ち，人が潜在的に持つレジリエンスへの着目が必須である。

　面接は被面接者との関係をもとに進められる協働作業ではあるが，その展開の次第については面接者の責任である。面接者は技法に熟達することはもちろん，自分自身について確かな自覚を持たねばならない。自分は人として，どういう特徴を持っているのか，自分自身について相対化して正直に掘り下げて考え，修正すべき点については努力を惜しまず，被支援者のために役立つという基本スタンスが気づかぬうちに支援者としての功名心に取って代わることがないか不断の自己検討を続けねばならない。

　心理面接の過程が目的に向かって，安定して進んでいくためには，被面接者と面接者間に中庸を得た信頼関係のあることが望ましい。さらに面接進行過程においては，面接者は一見矛盾する態度を同時併行的にバランス良く保って被面接者とコミュニケートすることにより，被面接者についての理解が確かになる。図に示したように，被面接者が自分や世界をどう捉え，どう感じ考えている

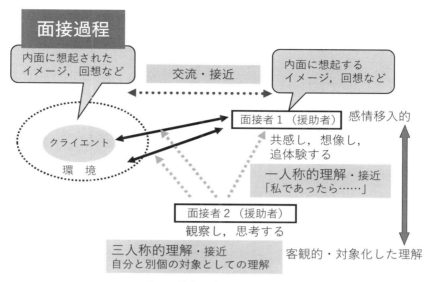
図　面接者に求められる姿勢

のかについて限りなく身を添わせ追体験する心持ちで理解を進める一方，面接者の中の一部は，冷静に被面接者との面接内容の推移は目的に適った問題解決に展開する方向にあるか，さらに被面接者との関係の質の推移を検討していなければならない。面接者には根拠のある想像を巡らせてセンスを働かせ，感情移入する働きと冷静に客観的に面接の進行状態を捉えて，目的に添っているかを検討考察し，時には軌道修正を行うことも必要になる。緻密に観察してよく聴き入り，気づいた点に専門知識は勿論のこと，リベラルアーツや経験知を動員して被支援者の心情を時に適切に言語化し得ない背景をも含めて理解し，受けとめることと同時に，その支援者の状態について，的確にアセスメントすることを同時に両立させることが必要なのである。

　望むらくは，面接者は自分の人生を自然に享受し，ことさらに気負うことなく知性と感性，的確な根拠に裏付けられた想像力を伴う優しさを示しながら，必要な場合には毅然として判断し，責任を引き受ける覚悟を併せもつという両面をバランス良く持つことが望まれる。

　面接を支える要因として，場所が簡素であっても，相応の工夫が為されてほっと緊張が緩むような部屋の設えが為されているか，また，面接者の言葉は被面接者に相応して分かりやすく，しかも的確でこころにとどく言葉であるかを吟味したい。身繕いも状況に相応しいか，過剰でもなく不足でもないほどよい印象を与えるものか検討が要ろう。

　なお，面接は面接者一人の持つ要因で進むものではない。所属機関の受付，電話の応対，建物の佇まい，それらが絵画の背景のような意味を持っていて面接に影響を及ぼしている。面接者には自分の周囲の人々と良い協調的関係を持てるような面接時間以外の過ごし方，言うなれば生活全体のあり方への心配りが望まれる。アセスメントに役立つ，面接室では気づかぬ被面接者のある一面，時に貴重な情報をこうした周囲から教えられることもある。また，強迫傾向の強い来談者が面接室内で収まりきらなかった不安を帰り際，守衛さんに道順を幾度も繰りかえし尋ねて表出するのに対し，守衛さんがそれと心得て対応される，それで何とか落ち着きを取り戻される，というような場合もある。周囲に面接者の役割を理解してもらう

ように努め，相互に敬意と感謝を持って自然に支え合うような治療的精神風土の醸成も望まれる。

III 面接の過程，コミュニケーションを促す手立てと過程での作業

1 はじめの出会い，挨拶

挨拶は心理面接の基本であり，どのように出会うか，これがその後の転帰をかなり決めるように思われる。まず，待合室や廊下で待っている被面接者を呼びに行き，招じ入れ面接者から名乗り挨拶をしたい。道順が分かりやすかったか，今日は強風に雨で道中大丈夫だったか，など面接場面に至るまでのことを尋ね労ったりして，さりげないがこころをこめてその人に即応するような気遣いの言葉をかける。相手と視線を合わせ，わずかなやりとりであってもはじめの言葉かけは大切だ。そして，面接を終えて席を立ち部屋を退出する時しっかり見送るか，部屋と玄関が近ければ玄関で見送る場合もある。被面接者が子どもで，華々しい行動上の問題が伝えられており，見放された状態で本人も自分は取り柄が何もないと睨みあげるような目つきで自棄と反発と失望で一杯という調子で着席したところへ，「背筋をまっすぐ伸ばして，きちんと座って挨拶してくれるのね！」と根拠のあるポジティヴな一言を発する。はっと空気が動いて，微かだが「ここは何か新鮮だ……」と感じる気配が生まれるなど，事実を瞬時に捉えて，種々の角度から考え，その中にかすかでも根拠のあるポジティヴな要素を見出し言葉にしたい。時には支援など不要だ，何も問題ないなど険悪な態度を示される場合もある。そもそも，人は誰しも本来自律・自立を志向しており，他者の支援を受けるということにはこころの底に深い痛みを覚えているであろうことに思いを致して穏やかに対応したい。相手のそうせざるをえない必然性をそっと想像しよう。前もって知りえた情報がある場合，それは相応に検討して大切にしたい。しかし，面接者は目前の事実を予断に頼って受けとるのではなく，中庸の態度で受けとめたい。

2 目標と見立て

治療や問題解決の目標が被支援者自身の目標と周囲の期待するところと異なる場合や，被支援者自身がどうなりたいか，という希望があまりにも非現実的であったりすることは往々にしてある。主訴を確かめる，面接の目的をどう定めるか，という作業自体が，被支援者の資質や特徴，周囲の人間関係，これまで生きてきた経緯，社会との繋がり具合の程を識っていくことでもある。見立てやこれからどういう方法で問題解決や生きやすさの増強を目指していくかについて，被支援者と確かめ合いながら，着手できるところから手がけていくことになる。

なお，言葉は相手の精神文化や発達状態を考えて，分かりやすく明確にくどくなく，しかし丁寧でありたい。メタファーを適宜使うことには理解を促す面や，被支援者が指摘されて追い詰められた感を抱いたりすることもありうることを考えれば，ほどよい余地を残して問いを含んで話しかけることが被支援者自らの気づきや理解をもたらすであろう。説得や指示調の話し方でなく，示唆する，提案する，という提示の仕方のほうが，被支援者自身が自分で考え，自ら気づくという運びになりやすく，これは本人の自尊心を護り，育てることにもなる。

心理面接の過程では，実はやりとりの一瞬一瞬に気づきが生じる。それを基にそれまでの理解に補足したり，時には理解の内容を修正したり，あらたな事実を識ってアセスメントがより確かなものになるというように変容しつつ進む過程である。その変容につれてアセスメントはより的確さを増し，それにつれて支援方針も調整され，被支援者のニーズによりいっそう叶うものになるはずである。面接者は被支援者の話や時には語らい以外のさまざまな精神所産を受けとめつつ，その過程について，次のように注意をこらしつつ考えることが必要であろう。

3 心理面接の過程での留意点

基本的にバランス感覚を働かせて，緻密に気づき，多軸で考え多面的に関わることが望ましい。面接過程では被支援者とのコミュニケーションを通して，下記のような視点から問題の性質，所在を知り，着手できるところから問題解決，不調の軽減化に取り組んでいくことになる。

現在状態の把握とリソースの発見
(1) 被支援者の性別，年齢，教育歴，嗜好性，住所およびその環境。
(2) 被支援者の置かれている社会状況（社会，文化，経済），被支援者を取り囲むマクロな状況とミクロな状況。
(3) 生活面の質。
(4) 症状や問題行動についての疾病学的理解に加えて，そのメッセージを読み取ること。身体的（生物学的），心理的，社会的次元から総合的に考える。
(5) 問題点と病理性ばかりでなく，潜在可能性，レジリエンスにも留意しつつ捉える（健康性，創造性，リソース：もともとの資質は？），鉱脈探し。

目標の明確化と被支援者の希望とのマッチング
(1) 歴史的視点（時間軸において，この人はどう生きてきたのか）／過去志向－現在志向－未来志向。
(2) 過去探索的・修正的視点から未来成長促進的視点へ。
(3) 短期の目標，長期の目標は？
(4) 今どういう地点か？　支援目標との照合，支援過程の位置を確かめる。
(5) 被支援者の利益になっているか？　被支援者の希望や期待に照合しつつ，検討する。
(6) パーソナリティの全面変容・洞察的体験を徒に重視するばかりでなく，当面の適応行動の増強を。

課題やアプローチの適正性の検討
(1) 着手できるところから始める（現実的視点）。
(2) 緊急度の高低はどうか，発達的観点から考えて課題は適切か。
(3) 実行可能なレベル・内容のものかどうか，それが質的変化をもたらしうるか。
(4) 被支援者が自己の自尊心を守れ，保てる内容か。

被支援者に適合した関わりになっているか
相手に分かる話し方か，援助過程の変容に応じて表現の仕方に工夫ができているか。

治療的環境の醸成と構造化を図っているか
(1) 支援者側のリソースとして，チームワーク，コラボレーションの質は？（非専門家を含む，治療的環境の醸成とその活用）
(2) 面接場面の中で生じていることと現実の生活との関連を常に吟味する。
(3) 被支援者にとってのキーパーソンは？　周囲の関係者への対応を考える。

面接者自身が自らについて検討する
(1) 被支援者のために，自らを支援的ツールとできるか。日々の困難の中にあっても誠実にすべきことをしようと努力しているか。十分な臨床判断に基づいてその技法を用いようとしているか。
(2) 被支援者の必要性に沿うよう，支援者の興味やナルシシズムは抑制する。
(3) 自らの種々の力量を検討しており，使いこなせる理論や技法を十分な臨床判断に基づいて用いようとしているか。

Ⅳ　おわりに

近年，心理的支援の対象となる問題は，いずれの領域においても，発生要因が複雑で多次元にわたる難しいものが増加している。生物・心理・社会モデルで問題を多面的に，緻密な観察と気づきを

基にして捉え，安易に分かったつもりで判断するのではなく，多軸で考え，的確にアセスメントを行い，何が課題でどう対応するか，いわゆるケースマネジメントの視点で全体像をまずしっかり捉えることが基本である。解決の方向については被支援者と確かめ合い，協働作業で進めることが多くの場合必要である。また，心理的問題として顕れ，訴えられている問題でも，その成因や背景要因には医学的，経済的，さらには法律的視点からの支援や解決が必須の場合が少なくない。一見，平凡でシンプルに見える事象の背景要因には時にさまざまな要因が存在している場合が多い。的確なアセスメント力，自分が引き受けることの妥当性の可否を適切に時を逃さず判断し，然るべき指示や連携を求めること，抱え込まない姿勢は必須である。心理職者は被支援者の問題解決過程の全体像を理解しながら，自分の立場と専門性で何をいかに担当するのが適切かを常に自己吟味しなくてはならない。心理面接が被支援者にとって裨益するものであるためには，心理職者はケースマネジメントの視点を持ち，支援過程の中で，自分はどこで何をするのかという全体の流れを俯瞰することと同時に，被支援者に身を添わせた緻密な理解と現実的な支援を同時併行的に目指すことである。この過程では，チームワークや連携など，さらには，必要に応じて支援の方法を創案していくこともあろう。比喩的に言うならば，交響曲の総譜を読めて曲想を確かに捉えつつも，自分の演奏部分を応分に的確に演奏する，そういうオーケストラの一員にも面接者は喩えられよう。

▶文献

青木省三（2006）あとがき．In：滝川一廣，青木省三 編，村瀬嘉代子：心理臨床という営み．金剛出版，pp.271-273.

臨床研究

下山晴彦　東京大学大学院・臨床心理学コース
Haruhiko Shimoyama

I　臨床研究とは何か

　心理職の活動の中核に臨床実践があることは，誰でも納得できる。それでは，研究活動は必要なのだろうか。

　欧米では，臨床心理学コース大学院に進学するためには，心理学部で心理学研究法を習得できていることが必須条件となっている。大学院カリキュラムでも研究法が必須科目となっている。欧米の臨床心理学の基盤となっている科学者－実践者モデルでは，実践者は同時に科学的態度を持つことが求められるからである。科学的態度とは，対象を客観的に観察し，分析する態度である。そのため科学的研究が重要となっているのである。ただし，欧米でも，精神分析学派やユング学派，家族療法といった心理療法，あるいはカウンセリングを学ぶコースでは，特に研究活動を求められることはない。

　それに対して日本の心理臨床学と呼ばれる心理職の活動では，事例検討が重視され，科学的な研究活動は重視されていなかった。そのような点を考えるならば，日本の心理職は，欧米流の定義による臨床心理学を実践していたのではなく，心理療法やカウンセリングを実践していたといえる。公認心理師法が成立して，国家資格化が進んだとしても，日本の心理職の活動が，俄に欧米流の臨床心理学を前提とする活動するとは考えられない。

　しかし，国家資格化されたことによって国民に対する説明責任が生じてきて，将来的には心理職の活動の有効性を科学的研究によって示すことが求められると思われる。その点では，日本の公認心理師の教育カリキュラムにおいて，研究活動が重要になってくることが予想される（下山，2011）。

　そこで，本小論では，欧米の臨床心理学において研究活動が実践活動にどのように関わってくるのかを検討することを通して，臨床研究とは何かを見ていくことにする。

II　実践を通しての研究

　アセスメントでは，特定の理論を離れて，あくまでも事例の現実に向かい，幅広い視野に基づいて問題となっている状況の事実関係を把握することが求められる。そのためには，事例に関する幅広いデータを収集し，問題となっている状況の事実関係を明らかにしていく技能が必要となる。事例の現実に関するデータを多角的に収集するには，単に臨床面接法だけでなく，調査面接法や観察法，さらには検査法などの心理学のデータ収集法がまず必要となる。その点で実践活動の主要素であるアセスメントにおいては，実証データを扱う心理学研究法の技能を習得していることが必須となる。

　次に収集したデータを分析，統合して事例の問題を総合的に理解し，問題の成り立ちに関する仮説を構成していく。これは，事例に関連するデータから仮説を生成し，さらに新たに得られたデータに即して仮説を検証し，修正していく過程となる。

このように実践活動は，アセスメントと介入から構成される臨床過程となっている。この臨床過程は，上述したようにデータを収集し，そこから仮説を生成し，さらに新たに得られたデータに即して仮説を検証し，修正していく点で，実証的な過程でもある。したがって，臨床過程が，同時にデータの収集分析に基づいて妥当な仮説を構成する研究過程でもある。

　ここで実践活動と研究活動が重なり合うことになる。そして，実践者（practitioner）としての態度と研究者あるいは科学者（scientist）としての技能を併せ持つことの重要性が明らかとなる。このような臨床過程が同時に研究過程となっている活動を，**実践を通しての研究**と呼ぶ。したがって，実践活動は，同時に研究活動でもあるべきなのである。

　ただし，通常，研究成果として専門誌で公表されるものは，何らかの一般性や普遍性をもつものである。単に特定の一事例で役立ったことを示しただけならば，それは，単なる事例の報告であって，研究の成果に値するレベルとはいえない。したがって，日本の心理臨床学において行われている個別事例における実践活動を通しての事例検討は，厳密な意味での"研究"とはいえない。単なる事例報告である。

　複数の個別事例を経験するなかでそこに共通した仮説を見出すことができたときにはじめて，その仮説は一般性をもつことになる。そのようにモデルを構成する方法としては，質的研究法がある。質的研究法は，実践を通しての研究の技法として注目されている。

Ⅲ　実践に関する研究

　心理実践においては，これまでの研究活動によって蓄積された理論がある。実践活動では，そのような理論を参照にしてできる限り的確に問題を理解し，最も有効性の高い介入方針を見出していくことになる。ただし，古いタイプの心理療法やカウンセリングで用いられる"理論"は，それぞれの学派の創始者やその関係者が臨床経験に基づいて提案したものであって，研究手続きに従って構成されたものでない。つまり，科学的研究によってその妥当性が検証されたというものではない。したがって，それは，"理論"というよりも，学派の"教義"といえるものである。

　それに対して英米圏の臨床心理学では1960年代頃よりエビデンス・ベイスト・アプローチが主張されるようになり，問題理解の内容や介入の方法の妥当性が実証的に検討されるようになった。

　したがって，公認心理師の実践活動においては，今後は研究成果を参照して，問題を適切に理解し，有効な介入をしていくことが求められるであろう。最新の研究成果を無視して，誤った問題理解をし，有効性のない，あるいは有害な介入をした場合には，専門職としての倫理に抵触することになる。そのため，公認心理師は，常に最新の研究成果を参照することが必要となる。それとともに，そのような正しい問題理解を深め，有効性のある介入法を開発するための研究活動も必要となる。

　既述したように，各学派の心理療法の創始者などによって提唱された"理論"の多くは，研究活動の成果といえるものではない。そこで，今後は，既存の"理論"の妥当性を検証する研究活動とともに，新たな問題理解のためのモデルや介入技法を開発し，その妥当性を検証する研究活動を発展させていかなければならない。そこでは，提案された仮説やモデルの普遍的な妥当性を，科学的方法によって検証することが求められる。

　そのような研究は，"実践を通しての研究"とは異なり，実践活動に関連する仮説やモデルの妥当性を，実践から離れて客観的に検証するものとなる。それを，ここでは**実践に関する研究**と呼ぶ。

Ⅳ　心理学の研究法とは

　実証性という観点から心理学の研究を定義すると，「心に関するテーマに関して研究者が自らの見解（＝命題）を，その根拠（＝エビデンス）を示しながら論理的な仕方で提示する」活動となる。

単に「私はこのように考えました」という見解を提示するだけでは，心理学研究とはいえない。それは，単なるアイデアの提示でしかない。また，「こんなことをしたら，こうなりました」という経過を示すだけでも研究にはならない。それでは，実施報告（レポート）でしかない。心理学研究であるためには，「証拠（エビデンス）に基づいて，結果を論理的な仕方で提示する」という過程がどうしても必要となる。

このように「結果を論理的な仕方で提示する」ために重要となるのが，研究の"方法論"（methodology）と"方法"（method）である。"方法論"とは，「結果を論理的に提示する」ためのロジック，つまり論の進め方である。心理学では，この方法論の基本的な2つの型として仮説生成型と仮説検証型がある。"方法"は，そのロジックに基づいて研究を実行するための枠組みである。

科学的な心理学研究で重視されたのは，仮説検証型の方法論であり，それを適切に実行する"方法"として採用されたのが実験法と調査法であった。**実験法**は，現実生活の複雑な要因の影響を受けないようデータ収集の場の条件を統制する方法である。条件を統制することによって要因間の厳密な因果関係を把握することが目指される。**調査法**は，研究の対象について調べるために，実験法のように条件を統制するのではなく，その特徴を適切に抽出するようデータ収集の場を設定する。適切なデータを抽出することによって対象を正確に把握することが目指される（下山・能智，2008）。

科学性を重視する場合には，データの客観性を保つために，研究（者）が対象（者）に影響を与えることを極力避けるようにデータ収集の場を設定する。例えば，研究者が観察していることが対象者の行動に影響を与える観察者効果が生じないようなセッティングが望ましいとされ，そのための方法として，研究企画者と研究担当者を分け，研究の対象者だけでなく，研究担当者にも研究の意図を知らせずに研究を遂行する二重盲検法が用いられる。

V 臨床研究の進め方
―― 実践性と科学性の協働に向けて

日本の心理臨床学で重視されてきた事例研究は，上述の意味では心理学研究の範疇には入らない。今後，公認心理師が単なる事例研究を超えて，心理学として臨床研究を発展させることを想定して，以下において心理学研究の基本的手続きを確認する（下山，2011）。

研究を始めるにあたってまず行うのは，テーマを絞ることである。テーマは，研究者自身の関心を出発点とし，それまでの知識や経験も加えて決定していく。さらに，先行研究によって明らかになっていることや，予備研究の結果なども踏まえてテーマを絞っていくことも必要となる。テーマが絞られてきたならば，「自分は，研究を通して新たに何を明らかにしようとするのか」ということを明確化していく。これが，研究者の見解（＝命題）となる。その際に注意しなければならないのが，それをどのようなロジックで提示していくのかということである。そこで重要となるのが，仮説生成型か仮説検証型かということである。いずれを採用するのかによって論理展開は全く異なってくるので，「テーマを絞る」にあたっては，仮説生成型の研究とするのか仮説検証型の研究にするのかを考慮することが必要となる。

テーマを絞り，自らの見解を仮説としてどのように提示するのかが決まったならば，次は研究の"方法"を決めていくことになる。臨床心理学研究の"方法"を考えるにあたっては，実践活動をどのように位置づけるのかが重要となる。実践と研究がどのような関係にあるのかによって，その"方法"が異なってくるからである。

仮説生成型で，しかも実践活動をしながら研究をするという枠組みを採用する場合には，"実践を通しての研究"となる。この場合，実践者は同時に研究者でもあり，研究者が実践者として実践活動をしながら研究をしていくことになる。具体的な研究技法としては，プロトコル分析，会話分

析，事例研究，プロセス研究，フィールドワークなどの質的研究法となる。

それに対して仮説検証型で，実践活動に関連するテーマを，実践とは離れて研究する場合には，"実践に関する研究"となる。この場合，"方法"は実験法や量的調査法となる。ここでは，実践を通しての研究で構成された仮説や，心理学の知見から導き出された仮説を，量的分析法を用いて検証することが目的となる。

この他，仮説検証型でありながら，実践を通して研究をする場合もある。これは，多くの場合，研究者と実践者が協働して実施するアクションリサーチとなる。そこでは，仮説を検証するために実験デザインを組み，その枠内で実践活動を実施し，実践の効果を調査し，量的に分析することを通して仮説検証を行う。この場合，"実践を通しての研究"ではあるが，研究を実施するのは研究者＝実践者ではない。しかも実験研究や量的調査研究によって実践活動を対象化して研究する枠組みとなっているので，"実践に関連する研究"に位置づけられることになる。エビデンス・ベイスト・アプローチで重視されている効果研究は，この種の研究に相当する。具体的研究法としては，一事例実験，ランダム化比較試験（RCT），メタ分析，プログラム評価研究などがある。これらの方法については，次節で解説する。

このように心理学研究を理解するならば，臨床研究は，実験研究や調査研究と対立するものではなくなる。むしろ協働関係となる。

VI 効果研究

効果研究とは，心理職の実践活動が実際に効果的なのかどうかを実験デザインで検討するものであり，まさに実践性と科学性の協働の産物となる。そこで，本節では，効果研究の代表的な研究法である一事例実験，ランダム化比較試験，メタ分析，プログラム評価研究を紹介する（下山，2011）。

まず，**一事例実験**をみていく。一事例実験のもっとも基本的なデザインは，ABデザインである。研究を始めるにあたって，まず介入によって改善することを目標とする問題行動を定め，これを標的行動とする。研究では，はじめに何も介入を施さない状況で標的行動（これが実験の従属変数となる）の測定を行う。これをベースライン期（ABデザインのAに相当する）と呼ぶ。このベースライン期の測定に続いて，介入期（ABデザインのBに相当する）での測定を行う。そして，2つの期におけるデータを比較することで介入の効果を確認する。このように一事例実験は，基本的に，介入によって標的行動の頻度がどれほど低下するのかを測定し，それによって介入効果を評価する。事例実験については，妥当性を高めるために，ABAデザイン，ABABデザイン，マルチベースラインデザインなどが行われている。

次は，**ランダム化比較試験**（Randomized Controlled Trial：RCT）である。これは，研究対象者を，ある特定の介入を行う群と，そのような介入を行わない統制群とにランダムに割り付け，介入効果を検討する実験型研究である。例えば，強迫性障害に対する認知行動療法の介入効果を調べる場合，認知行動療法を実施する患者群（＝介入群）と，認知行動療法を実施しない患者群（＝統制群）の間で症状の改善の程度を比較するという方法である。ただし，実験群で介入群よりも大きな改善が見られたとしても，その相違は，認知行動療法以外の要因（例えば，介入群のほうが軽症の患者が多かったり，対照群では薬物治療がなされていたりするなどの要因）に由来している可能性も否定できない。そこで，介入法以外の条件は統制したうえで，介入群と統制群にランダムに対象者を割り付けることで，「改善の程度の違いは介入法による」という明確な結論を下すことができる。

メタ分析は，同じ課題についてそれぞれ独立に行われた研究の結果を統合して，その研究課題についての総合的な結論を導くための統計的方法である。これは，ある特定の介入法に関する複数の効果研究について，何らかの尺度得点を用いて，

介入を行った群（介入群）と行わない統制群との差異（効果量：effect size）を標準化して表現するものである。具体的には，"効果量＝（介入群の平均値－統制群の平均値）／統制群の標準偏差"として示される。この効果量は，介入群と統制群の平均値の差がどの程度になるかを標準偏差値の単位で表現したもので，0は効果なし，正の値は効果あり，負の値は逆効果を示す。例えば，効果量の大きさが0.5といった場合，介入群と統制群の平均値の間には，0.5標準偏差の分だけ差があるということになる。

最後に**プログラム評価研究**をみておく（安田・渡辺，2008）。上記の効果研究が主に心理療法の効果を測定するものであったのに対して，プログラム評価研究は，ある特定の社会的なプログラム，つまりプロジェクトや政策の実施プロセスの結果について，何らかの基準や目標と比較して，組織的な評価を行うことである。評価にあたっては，そのプログラムの改善に寄与し，より良いプログラムに資源を配分するための示唆を与えることが目標となる。

Ⅶ　おわりに

このような効果研究（特にメタ分析）の結果によって，心理療法には効果があることが実証的に示され，「心理療法はそもそも効果があるのか」という問いに対しては「効果がある」との結論が出された。それを受けて次は，「どのような問題（症状）に対して，どのような方法が有効なのか」ということがテーマとなった。このように効果研究は，心理職の実践活動の有効性が実証的に確認し，その専門性が社会的に認められる証拠を提供するものとなったのである。それに加えて，効果研究によって問題別に有効な方法を見出していく手段を得たことで，さらに介入法の精度を高め，実践活動をより洗練させることができるようになる。

▶文献

下山晴彦（2011）臨床心理学をまなぶ1 これからの臨床心理学．東京大学出版会．

下山晴彦，能智正博 編（2008）心理学の実践的研究法を学ぶ．新曜社．

安田節之，渡辺直登（2008）プログラム評価研究．新曜社．

注目の新刊

発達障害児のためのSST

Social Skills Training for Children with Asperger Syndrome and High-Functioning Autism

スーザン・ウィリアムス・ホワイト［著］

梅永雄二［監訳］ 黒田美保 諏訪利明 深谷博子 本田輝行［訳］

B5判｜並製｜220頁｜定価［本体3,200円＋税］

個々のケースに合わせた
プログラムの組み立てを目指す

発達障害を抱える子どもたちの社会性の問題は多岐にわたるものであり，大きな支障をきたすことになるが，それは単にソーシャルスキルの弱さだけが問題なのではない。臨床家や教師などは，かなりの頻度で二次的な精神医学的問題を抱える子どもたちに接している。本書では，その事実を踏まえ，単にソーシャルスキル獲得に焦点をあてるのではなく，精神保健や学校教育の領域で増加しつつあるニーズに対応すること，この分野における最新の知見も分析している。読後には，一つのSSTカリキュラムを提示するだけではなく，多くの理論的アプローチや臨床的介入をも視野に入れ，実践する人が個々のケースに合ったプログラムを組めるようになることを目指す。

株式会社 金剛出版

東京都文京区水道1-5-16　Eメール eigyo@kongoshuppan.co.jp　電話 03-3815-6661　FAX 03-3818-6848

6

心理支援の軸としての心理学の展望

心理学の展望
公認心理師についての日本心理学会の取り組み

長谷川寿一 Toshikazu Hasegawa	東京大学	丹野義彦 Yoshihiko Tanno	東京大学
利島 保 Tamotsu Toshima	広島大学	鈴木伸一 Shinichi Suzuki	早稲田大学

I 社会のための心理学

　日本心理学会(1927年創立)は我が国で最も長い歴史を有する心理学者の学術団体であり,我が国の心理学の発展に大きく貢献してきた。この間,学会活動の重点は主に,学術大会の開催と学術誌の刊行という学理を究める点に置かれてきたが,2011年に公益社団法人へ移行したこともあり,近年は学理のみならず,「社会のための心理学」すなわち心理学の社会貢献についてもより積極的に発言し,行動するようになった。

　一例をあげると,今年(2016年)日本で44年ぶりに開催された第31回国際心理学会議では,心理学会内に組織された実行委員会が,"Diversity in Harmony : Insights from Psychology(調和の中の多様性:心理学からの洞察)"をメインテーマに掲げた。そこには学問として大きな広がりと多様性を有する心理学がどう協働すべきかだけでなく,世界のグローバル化が進むなか,多様な文化,価値,歴史を持つ人々がどのように調和できるかということを,心理学的観点から明らかにしたいという狙いが込められている。現在,世界各地で紛争,差別,偏見などさまざまな問題が存在するが,それらの問題を解決するための示唆や解決策について,心理学者の叡知が求められている。また,子どもや高齢者,各種の障がいを持つ方々など,社会の多様性のなかでもとくに弱者が抱える困難さについても,心理学者が心理学的専門知識と技術・技法をもって支援していくことは社会的な要請である。日本心理学会は,直接,間接に社会に対して可能な貢献を考え続けていく所存である。

　公認心理師について日本心理学会では,この資格が保健医療,福祉,教育などのさまざまな分野で活かされる汎用性のある資格であるという認識のもと,この資格を有する者が,人間の心理と行動に関する科学的知識全般をしっかりと習得できるようなカリキュラム像を検討してきた。心理学の広範な領域をきちんと学んだ土台の上に,それぞれの専門領域での職能を深めていくことが,心理学の社会的貢献として望ましい姿であろう。以下,日本心理学会理事会の下におかれた公認心理師に係るワーキング・グループと日本学術会議分科会で議論されてきた,歴史的な取り組みの経緯,学部カリキュラム像,大学院カリキュラム像のそれぞれについて概要を紹介する。

(長谷川寿一)

II 心理職の国家資格化についての これまでの取り組み

　我が国で心理師の国家資格に関心が集まるようになったのは,平成5(1993)年第126回国会で「精神保健法の一部改正」が可決されたことを受け,精神保健におけるチーム医療確立のため,精神科ソーシャルワーカーおよび臨床心理技術者の国家資格制度の創設と精神保健を担う職員の確保

を検討するとした参議院の附帯決議に始まる。さらに，平成7（1995）年第132回国会で「精神保健法の一部改正」が可決された折，衆議院で同様の附帯決議がなされ，これらを裏付けとして，平成2〜13（1990〜2001）年の間に，臨床心理技術者の資格のあり方に関する厚生科学研究班が6回設けられ，平成13（2001）年に，その検討結果として「医療保健心理士」という名称の国家資格制度の創設が提言された。しかし，それは実現の運びとならなかった。

その後，平成17（2005）年7月に国会議員による医療心理師と臨床心理士という異なる2つの臨床心理技術者を国家資格化するための法案の骨子案が，それぞれ策定され，さらに，これらの資格を1つの国家資格法とする「臨床心理士及び医療心理師法案（別名2資格1法案）」が，それぞれの資格を国家資格化することを推進する議員連盟の共同提案として国会に提出予定であったが，両方の関係者の調整が不十分であったことと，医療団体からの反対により提出が見送られたこともあり，平成17（2005）年8月の衆議院解散で各議員連盟の動きが休止状態となった。

一方，第20期日本学術会議「心理学教育プログラム検討分科会」は，平成20（2008）年4月心理学教育の教育成果基準と基準カリキュラムを中核とする「学士課程における心理学教育の質的向上とキャリアパスの確立に向けて」という対外報告を公表，続いて，平成20（2008）年8月に学術会議「健康・医療と心理学分科会」と共同で，医療領域の資格に必要なカリキュラムと資格取得制度のイメージを示した「医療領域に従事する『職能心理師（医療心理）』国家資格法制の確立を」という提言を行った。

このような，学術アカデミーから心理師教育の検討がされるなか，国家資格の実現を切望する関係者の努力が実を結び，頓挫から10年後に今日の「医療心理師法」が誕生した。法律成立後は，臨床心理士会，心理学諸学会連合，医療心理師推進連などの関係団体が設置した一般財団法人「日本心理研修センター」が試験機関の指定を受け，上記3団体はカリキュラムの検討に着手した。他方，公益社団法人「日本心理学会」は「公認心理師に係るワーキング・グループ」を編成し，上記の学術会議2分科会と協力の下，心理学の基礎教育を重視した「公認心理師養成カリキュラム案」を策定し，その実施の要望を厚生労働省におかれた公認心理師法推進室に働きかけている。

（利島 保）

Ⅲ 公認心理師の学部カリキュラム
――あるべき姿

公認心理師法によると，「公認心理師」とは，心理学に関する専門知識および技術をもって，心理学的アセスメントや心理援助・相談等を行なう専門職である。また，公認心理師法では，大学の学部で「心理学」を修めたうえで，大学院での専門職教育や現場での実習教育を受ける。したがって，学部で「心理学」を修めなければ公認心理師になることはできない。

それでは，どのようなことを学べば，学部で「心理学」を修めたといえるだろうか。これを考えるにあたっては，日本学術会議の報告「大学教育の分野別質保証のための教育編成上の参照基準――心理学分野」（日本学術会議，2014）が参考になる。それによると，心理学の学修方法は以下の4つに分けられる。

①心理学の潮流と心の科学への取り組みの基礎的理解を目的とする「講義」
②心を研究する科学的観点とフィールド的観点を醸成・統一していく「演習・セミナー」
③研究手法の技術習得を目標とする実習科目としての「実験・実習」
④学修の成果を主体的に取り組む研究活動として結実させ，論文にする「卒業研究・卒業論文」

つまり「心理学の潮流と心の科学への取り組み」

を理解し，そのうえで科学的観点と現場での実践とを統一することが大切である。また，講義を受けるだけの座学では不十分であり，「演習・セミナー形式」「実験・実習」「卒業研究・卒業論文」を取り入れることが必要である。心理学を学ぶうえで大切なことは，各領域の知識というよりは，心理学の科学的方法論やものの考え方である。たくさん本を読んでも身につくことはなく，自分で実験したり調査をするなど身体を動かしながら考え，その成果を発表して専門家の批判を受けたりしながら考えることによって身につくものである。大学の心理学関係の学科において，実験や実習や卒業研究が重視されるのはこうした理由による。なかでも「卒業研究」は重要である。心理学の本質的な学習は，卒業研究の過程で身につくからである。以上のような教育を受けてはじめて「学部で心理学を修めた」と言える。

国際的にみると，心理専門職が用いるスキルの体系は，心理学の成果にもとづきながら，現場のニーズに応じて形づくられたものである。現代の心理学の基本は生物・心理・社会（Bio-Psycho-Social）の統合モデルである。例えば，国際標準となっている「国際バカロレア」の心理学をみると，認知領域，生物学的領域，社会文化領域の3領域からなる。公認心理師における学部カリキュラムも，このような生物・心理・社会の統合モデルにもとづいて組み立てられるべきであろう。

（丹野義彦）

IV 公認心理師の大学院カリキュラム
――あるべき姿

大学院カリキュラム案は，高度専門職業人として，公認心理師業務の主要3領域（保健医療，教育，福祉）において即戦力になりうる高い専門知識と技能を有する実践家を養成することを目的とするべきである。また，公認心理師業務に関わる諸課題の解決や業務の質の向上に資する専門技能として，実証科学に基づく論理性と問題解決能力を育成することも重要である。このような科学者－実践家モデルに基づく教育を通して，社会の要請に応えうる優れた公認心理師を養成するとともに，次世代の指導者となりうる人材育成も行っていくことが可能になる。

具体的なカリキュラムとしては，第一に，公認心理師業務の主要3領域に共通して必要とされる**「横断的知識・技能に関する科目群（基盤科目）」**，第二に，特定の領域における対象者の特徴や業務特性および関連職種との連携の在り方について学ぶ**「領域に特化した知識・技能に関する科目群（実習関連科目）」**，そして第三に，公認心理師業務に関わる心理学研究の発展や心理業務の質の向上に資する専門技能としての**「実証科学に基づく論理性と問題解決能力に関する科目群」**の3つの軸から構成するのが望ましい。

① 「横断的知識・技能に関する科目群」には，臨床心理学の諸理論や各種心理療法・心理検査等について学ぶ「臨床心理面接特論」「心理検査・査定法特論」，および公認心理師業務主要領域における対象者の特徴や業務特性，関連法規や制度，職業倫理等について理解を深めるための各論（保健医療，教育臨床，福祉，産業臨床，司法臨床等の各論）が設定され，すべて必修科目とすることが望ましい。

また，基本接遇，インテーク，アセスメント，介入およびその評価という心理面接の必須基本技能について，大学に設置された心理相談室等を活用し，模擬面接やケースの陪席・補助，心理検査の実施などを通して技能の習得等をねらいとした「公認心理師実技演習」という科目の設置が必要である。

② 「領域に特化した知識・技能に関する科目群」は，「実習前教育」→「現場実習」→「実習指導（スーパービジョン）」の3段構成で設置し，「実習前教育」は，各領域の業務で必要とされる諸技能と他職種連携の在り方などを学ぶとともに，現場実習を円滑に進めるためのガイダンスを行う。「現場実習」は，対人援助に関わるその他の

国資格（たとえば，社会福祉士や精神保健福祉士）の実習要件と同等レベルを想定して180時間〜200時間は必要であると考えられる。

　また，実習領域は，公認心理師業務の主要3領域のなかでも基盤となりうる保健医療の実習を必須として，2領域以上の現場実習を経験することが望ましい。さらに「実習指導（スーパービジョン）」では，実習施設の実習指導担当者ならびに大学院の実習担当教員による継続的なスーパービジョンを受けることを必須とし，実習指導記録（日報）を提出することによって単位認定を行う。

③「実証科学に基づく論理性と問題解決能力に関する科目群」としては，心と行動の科学の基盤となる研究の方法論を習得し，それらを踏まえて，主体的に研究テーマを設定して研究を修士論文としてまとめる。

　公認心理師法では，大学院教育は必須とされておらず，学部卒後一定の実務を経て資格試験受験するキャリアパスも存在する。このような制度のなか，大学院教育の重要性を社会にアピールしていくには，大学院修了者が，高い専門性と広い視野を有し，公認心理師業務の普及と発展を主導的に牽引していくような，次世代のリーダ育成を理念としたカリキュラム構成が必要であるといえるだろう。そのためにも，既存の臨床心理関連の大学院の価値観や枠組みを超えた本質的な改革が必要と思われる。

（鈴木伸一）

発達の観点から心理支援を展望する

子安増生　一般社団法人 日本心理学諸学会連合 理事長／甲南大学文学部 特任教授
Masuo Koyasu

I　公認心理師法成立後の課題

　筆者は，一般社団法人日本心理学諸学会連合（日心連）の理事長を2期にわたって務めている。日心連は，臨床心理職国家資格推進連絡協議会（推進連）および医療心理師国家資格制度推進協議会（推進協）とともに「三団体会談」を通じて心理職の国家資格化の推進運動に協力してきた。公認心理師法が2015年9月に国会で可決成立し，その2年後に施行される運びとなった現在は，公認心理師の試験機関に指定された一般財団法人日本心理研修センターの副理事長も務めながら，法案の具体的な実施に向けての活動を行っている。

　筆者がこのような活動に参加することになったそもそもの契機は，一般社団法人日本発達心理学の理事長を6年間（2008年4月〜2014年7月）務めたことに端を発する。筆者の専門は認知発達の基礎研究であるが（子安，2016a, 2016b参照），基礎研究と実践研究との関連性や，学術研究の社会的役割には関心があったため，臨床発達心理士の資格を取得しつつ，発達の観点から心理支援を行うことの意味を考えてきた。公認心理師法成立後の筆者自身の課題は，まさにそのことを深めることにあると考えている。

II　特別なニーズをもつ子どもたち

　2007年施行の学校教育法の改正により，「特別支援教育」が導入された。器質的な障害（視覚障害，聴覚障害，運動機能障害，知的障害など）に加え，LD，ADHD，高機能自閉症なども特別支援教育の対象にされ，子どもたち一人一人の教育的ニーズを把握し，特別なニーズをもつ子どもたち（children with special needs）に支援を届けることが重要な課題となった。

　遡れば，19世紀後半にいわゆる先進工業諸国において公教育が開始されて以来，学校教育にうまく適応できない子どもたちをどのように扱うかについての考え方は二転三転してきた。

　初期の研究者の一人は，旧ソビエト連邦の時代に活躍した心理学者Lev Semenovich Vygotsky（1896-1934）であるが，その理論体系は欠陥学（дефектолбгия, defectology）という名称であった。発達診断と発達支援を含む治療教育学の体系が当時はそのように呼ばれたのである。ちなみに，東北大学教育学部は，1960年代に視覚欠陥学と知能欠陥学の講座を相次いで設置したが，視覚障害学と知能障害学への名称変更を経て，現在では発達障害学に改変されている。

　筆者が大学に入学した1969年に，小児科医Ronald Illingworthの『正常児』の邦訳が出版された。この時代では，発達の正常／異常（normal／abnormal）という区分名称はごく一般的なものであった。その後，健常／障害（normal／handicapped）という区分名称を経て，現在では定型／非定型（typically developed／nontypically developing）という用語が英語圏では広く使用さ

れるようになっている。これは，国のレベルで言えば，先進国（developed country）と開発途上国（developing country）の区別にも似た用語である。開発途上国は，以前は低開発国（underdeveloped country）と呼ばれていたのであるが，今はこの語は政治的に禁忌である。

Ⅲ　定型発達と非定型発達の理解

筆者は，非定型発達は定型発達における発達の順序性の理解をベースとしてその理解が深まっていくと考えているが，定型／非定型という区分自体に批判があることも承知している。すなわち，非定型発達というものはなく，すべて個性の範囲で考えていくべきだとする見解もある。

東京都立大学の最後の総長も務めた教育心理学者の茂木俊彦（2003）は『障害は個性か――新しい障害観と「特別支援教育」をめぐって』という本を書いている。「障害ではなく個性だ」と言いきれるケースもあることは十分理解できるが，すべての障害を個性と考えると，その子どもに必要な支援が届かなくなることを心配しなければならなくなる。

作家の堀田あけみは，高校在学中に『アイコ16歳』で最年少での文芸賞を受賞した後，大学と大学院で教育心理学を修め，現在は大学教授として教壇に立っているが，自閉症スペクトラムと診断された男児の母親でもあり，2007年に『発達障害だって大丈夫――自閉症の子を育てる幸せ』を出版している。「障害」を意味する英語の「ディスオーダー（disorder）」は，「順序通り」を意味する「オーダー（order）」を否定する言葉である。堀田の本には，自閉症スペクトラム児の順序通りでない発達のプロセスが次のように描かれている。

「カイトは話さなくなりました。けれど，彼は読めているのではないか？　カイトは，五十音の積み木を，正しく並べることができます。アルファベットも同じ。あれは，読めているのでは。（中略）そのうち，カイトは何度か普通にして，それからしなくなっていたバイバイを，普通とは逆に，掌を内側に向けてするようになりました」（堀田，2007［pp.37-38］）

定型発達では，4〜5年かけて話し言葉（音声言語）に習熟するようになってから書き言葉（文字言語）を学ぶ。映画『レインマン』（1988年）において，施設に長く暮らす中年の自閉症者のレイモンド（ダスティン・ホフマン）は，何か困ったことに直面した時に，世話係のヴァーンという男性を呼ぶのであるが，その際"Vern, V-E-R-N"と叫んで，名前の綴りまで言ってしまうのは，書き言葉と話し言葉を同じ時期に習得した場合に見られる行動パターンであるとされる。

考えてみれば，日本人が中学校で初めて英語を学ぶ場合も，話し言葉と書き言葉を同時に学ばせられる。日本の英語教育があまりうまく成功していないとすれば，その原因の一つはこのようなところにあるのかもしれない。非定型発達のプロセスが定型発達のプロセスのヒントになる可能性がここに秘められている。

非定型発達が個性であるとしたら，発達のプロセスが一人一人違うということが個性であるという主張の大きな論拠になるだろう。他方，定型発達の研究においても，発達のプロセスが「一枚岩」でないことを示す報告は少なくない。定型発達のプロセスの理解は非定型発達の理解の基礎となり，非定型発達の多様性は定型発達の多様性の理解を深めるものとなる。両者の間の往還がこの区分を行う意味をより明確にすることになる。公認心理師が行うべき発達支援は，非定型発達児だけを対象とするものでなく，定型発達児も対象にするものである以上，この両方の発達の姿について学ぶことが不可欠である。

Ⅳ　子どもたちが起こす殺人事件の理解

子どもたちが起こす殺人事件は，そのたびに世間を震撼させてきた。1997年に神戸市の不登校の中学2年生が小学6年生の知的障害の男児（弟の同

級生）を近所の山に誘い出して殺害し，首を中学校の校門に晒したうえ，新聞社に犯行声明を送りつけた「神戸少年A（酒鬼薔薇聖斗）事件」，2004年に小学6年生の女児が同級生の女児を教室から離れた別の部屋に連れ出し，頸動脈をカッターナイフで切って殺害した「佐世保小6女児同級生殺害事件」，2014年に高校1年の女子生徒が一人暮らしをしている自分のマンションに同級生の女子生徒を誘い入れ，後頭部を鈍器で殴り絞殺した後，遺体の頭部や左手を切断した「佐世保女子高生殺害事件」，さらには2015年に国立大学1年の19歳の女子学生が多少面識がある程度の77歳の女性を自宅アパートに誘い入れ，手斧で殴り，マフラーで首を絞めて殺害した「名古屋大学女子学生殺人事件」など，年齢や性別や知的水準にかかわらず，残虐非道な犯罪が行われてきたのである。

いずれの場合も加害者のアスペルガー障害が疑われているが，それだけでは事件に至るそれぞれの子どもの心の軌跡は読み解けない。多くの場合，事件当初はマスコミ各社が大々的な報道を行うが，やがて視聴者や読者の関心が薄れるにつれて報道は沈静化し，後追い記事はほとんど出ることもなく，事件を丹念に分析した報告書も出版されないので，断片的な情報で推察するしかない。そのような中でも神戸少年A事件は，被害者の親，加害者の両親，そして本人の「手記」までが出版されており，比較的情報は多いが，解明されていないことも多い。

佐世保小6女児同級生殺害事件の被害者の父親は，毎日新聞社の佐世保支局長であり，支局の2階の社宅で父子家庭の生活を送る中で愛娘を失う悲劇に遭遇したが，支局の直属かつ唯一の部下であった若い記者がこの事件を追いかけて10年がかりで1冊の本にまとめている（川名，2014）。それによると，加害児と被害児は，クラスの交換日記のグループに属する友人関係にあったのだが，ほんの些細なことから感情のもつれが生じ，インターネット上でのやりとりが輪をかけて加害者の憎悪を極限までに至らしめた。このケースは，殺人願望があり相手は誰でもよかったとされる他の3件とは，事件の経過がまったく異なるものである。

子どもたちの事前の危険な兆候を察知して予防措置をとったり，事件後の加害者への心理支援をどのようにするかなどは大変難しい課題であるが，公認心理師は5領域（医療・保健，福祉，教育・発達，司法・矯正，産業）にわたる汎用資格として構想されているので，教育・発達と司法・矯正の2領域がクロスする分野は，今後一層の展開が求められている。

▶文献

堀田あけみ（2007）発達障害だって大丈夫──自閉症の子を育てる幸せ．河出書房新社．
R・S・イリングワース［坂本吉正 訳］（1969）正常児．岩波書店．
川名壮志（2014）謝るなら，いつでもおいで．集英社．
子安増生（2016a）いまなぜ「心の理論」を学ぶのか．In：子安増生 編：「心の理論」から学ぶ発達の基礎──教育・保育・自閉症理解への道．ミネルヴァ書房，pp.3-16.
子安増生（2016b）心の理論研究35年──第2世代の研究へ．In：子安増生，郷式徹 編：心の理論──第2世代の研究へ．新曜社，pp.1-14.
茂木俊彦（2003）障害は個性か──新しい障害観と「特別支援教育」をめぐって．大月書店．

生活の視点から心理支援を考える

村瀬嘉代子　大正大学大学院／日本臨床心理士会
Kayoko Murase

古谷（積）みどり　光の子どもの家
Midori Furuya（Seki）

I　はじめに

　人は生まれた時から命を終える瞬間まで「生きる」という営みの中にいる。「生きる」ことを現実に即して換言すれば「生活する」「暮らす」ということではないだろうか。具体的に言えば，その人のこころはその人が自分自身をどう捉えているか，他者やもの・ことに対してどのように関わるか，そこに顕れていると言えよう。人々は生活の中でこころを育まれ，そのこころを言動によって表現していくのが日常的な営みだと言える。つまり生活することそのものが人のこころの表現だと考えられるのである。

　心理職者は人の営みの中心であるこころの支援をその働きとして求められている。心理職者は常に，「誰の，何のための心理的支援なのか」というところに立ち戻りながら，クライアントの生活にも視点を向け，大切に考えていかねばならない。すなわち，こころの支援とは人が心理的に生きやすくなるように，生活を視野に入れた支援であるという軸を持つことが必要であると考えられる。

II　生活と人のこころ

　人は一般的に，朝起きて，用便し，食事を摂り，身支度を整え，住まいを整えて，社会や人と関わり，休息し，睡眠をとる……といった活動を一日の基本的ルーティンとして行っている。毎日繰り返されることであるが，全く同じことが起こることはありえない。

　例えば毎日の朝食の味噌汁一つをとっても，味が濃く感じられることもあれば薄く感じられることもあるだろう。具材の好みの如何によって微妙に気分も変わる。できあがってから食べるまでの時間によって感じる温かさも違ってくる。調理してくれた人や共に食卓につく人との関係によって，美味しく感じられたり，そうは思えなかったりもするだろう。一人暮らしで整える朝食でも，作る過程でのその時の生活気分によって味わいは微妙に違う。仕事や学校に行く前の朝食なのか，ほっと寛ぐ休日の朝食なのかによっても食卓につく時の気持ちは違っている。このように生活の中には生の感情や感覚が溢れている。人は常に一つひとつのリアルな生活体験の中にいて，その中でこころを通して外界と関わっているのだと言える。

　それでは，外界との関わりの中でこころはどのように現れてくるのだろうか。心理的支援を必要とするうつ的な状態にある人は，目覚めの悪さから一日を気持ちよくスタートできなかったり，眠るべき時間に眠れずに眠ってはならない時間に眠気に襲われたり，何を食べても美味しく感じられなかったり，意欲が湧かずに掃除や身支度など清潔を保つ活動ができないなどの生活上の支障を来たしやすい。

　逆に，スムースに起床できる人はポジティブに気持ちよく一日をスタートできるであろう。食事が美味しく感じられる人は，エネルギー補給や成

長することを素直に受け入れられるだろう。清潔を保った身支度や環境を整えられる人は，自分を大切にできる人だと考えることができる。会話を楽しむなど人と関わることに積極的である人は周囲を受け入れ，受け入れられている可能性がおおむね高く，休息や睡眠が充実している人は未来の自分のために時間や身体の調整ができる人だと言える。このようにこころは生活事象の一つひとつに現れてくる。したがって，こころを映し出す生活というものを心理職者は重視していく必要があるのである。

Ⅲ 心理的支援としての生活の支援

　心理職者の行う心理的支援の多くは，面接室と呼ばれるような一定の空間の中で，言葉を中心としたコミュニケーションツールを用いて表現を促し，その表現を素材として支援を試みるというものである。このように場所や時間が定められた枠組みがあることによって，クライアントも心理職者も心理的に護られやすく，クライアント主体で心理的問題の解決を目指すという目標を設定しやすくなっている。このような治療構造の中での支援が適している，枠の中に収まるクライアントにとってはこのような支援方法が相応しいであろう。一方，基本的に人を信頼することができず，外界に対して不安や恐怖を抱いているクライアントにとっては，その治療構造自体が不安を喚起するものとなり，支援を往々にして難しくさせることがある。このように心理職者が作る治療構造の枠に収まることができないクライアントの場合には，彼らが暮らす場での心理的支援，さらには心理的支援を含めた生活の支援が求められることになる。

　そのような場合，クライアントが生活のどの場面でどのように行動し，どのように感じているかを知り，彼（彼女）が外界をどのように受け止めて関わりをもっているのか，その生育歴，発達状態，対人関係のあり方，器質的な特徴，身体機能，知能，病態水準，経済感覚，時間感覚などを総合的に捉え理解しながら，クライアントの人となりを立体的に描き出していくことが必要となる。これが心理職者に求められる専門的働きのひとつとしてのアセスメントである。さらに，どのような支援がクライアントにとって必要かつ十分な支援になるのか，その支援をいつどこで誰が行うのか，心理職者自身が行う支援を含めてコーディネートしていくことが，生活の視点から心理的支援をすることなのである。

　例えば不安感を強く持ち，発達に偏りがあり，理解力も低く，感情のコントロール力が弱く，適切な対人距離が保てない……という特徴は被虐待児によくみられるものだが，このようなクライアントは対人場面でトラブルを起こしやすく傷ついていることも多く，自尊心が低いために状況を変えようというエネルギーが不足している。人を頼ったり助けを得たりした経験が少なく，人に対する信頼感も薄いので，周囲が良かれと思う支援が届かないことも多々起こってくる。このような時，まずはそれまでの情報や観察からクライアントのアセスメントを行い，どのような支援であればクライアントが受け入れられるのかを探る必要がある。また支援を行っていくことと並行して，人や外界への信頼感を築いていく方策も考えていくことが必須であろう。その時にクライアントが何を好み，どのような時に安心できるのか，関心があることは何か，怖いことは何か，どのような習慣を持っているのか，一人の時間をどのように過ごしているのか，場面ごとに見せる表情はどのようなものか……というように，生活場面の中で見せるこころの有り様が，支援の窓口がどこに存在するのかを判断するヒントになってくる。

　怖い場面にそっと傍らに寄り添うことが支援になることもあるだろう。クライアントの趣味に関心を向け，一緒に取り組むことが支援につながることもあるだろう。トラブルが起きやすい場面で一見なにげなく手助けをすることが求められていることかもしれない。これら支援の窓口によって，誰がどのように支援できる可能性を持つのかということを検討し，実現に向けて働くことが心理的

支援となっていくのである。

イメージとしては，生活の中でクライアントが望ましい変化をしていけるようにさりげない添え木となって，そっと支えることがこころの支援として行う生活の支援であると考えられる。援助者－被援助者の関係をあからさまに意識しないですむような，目立たないが確かな関係性の中で支援することは，クライアントのこころの負担を減じることができ，その自尊心を護れるという点においても支援の窓口は開きやすい。

IV 心理職者に求められること

生活に視点を置いた心理的支援を行うに際して，「心理職者自身の生活者としての良識的感覚」と「特定の価値観に捉われない柔軟性」，また「人のリジリエンスに対して基本的な信頼感を持てること」と「細やかな観察力」，そして「援助者としてのスタンスを超えないために職域や自分の職権に対する厳しい自覚」と「倫理性」，そして「できることできないこと，してはならないことについての判断力」と「共にクライアントの生活を支える他職種との協働関係構築」などが心理職者に求められるスキルである。特に，心理職者にできる援助の枠には限界があるが，これを確かに認識することで，他職種と連携をとることによってお互いの働きに拡がりが生じ，クライアントに利益をもたらすと考えられるので，協働のスキルは今後重要性を一層増していくと思われる。

また心理職者も一つの人生を主体的に生きる者の一人であるという点に関しては，クライアントと基本的に通底している。心理的援助を行うことを生業としている以上，役割においては明確な違いがあることは当然だが，教育分析を受けるのと同様に，自身の生活や生き方についても自ら誠実に向き合う必要がある。自身の悩み，こころの弱さや醜さに向き合うこと，その上で生を享受するというこころの幅と深さを持っていること，そういったたたずまいが生活を含めてクライアントを支える心理職者の基本姿勢として求められている。

V おわりに

近年，災害によって生活が一変し，災害によるこころの傷は癒えていくどころか，災害後の生活の中でストレスをため，命を落とす方もある……といったニュースを耳にするたびに，生活が人のこころに与える影響，生活とこころと身体の関連の深さについて改めて考えさせられる。心理職者はこころの側から人にアプローチして援助していくことを専門として掲げているが，今後世の中のニーズはこころだけではなく，生活を含めてトータルにクライアントをみて，支えることになっていくと思われる。その社会的要請に応えるためには，私たちは自分の職域や働き方を拡げ，他職種への認知を促し，協働できる関係を築いていかなければならない。

注目の新刊

実践 心理療法

治療に役立つ統合的・症状別アプローチ

鍋田恭孝［著］

A5判｜並製｜348頁｜定価［本体4,200円+税］

プロフェッショナルの臨床家として
クライエントのもっとも役に立つ治療法を選ぶ

臨床の現場から，最も効果的で実践的な治療のアプローチを，著者は提案する。特定の学派・理論に依らず，むしろ，臨床ベースから精神分析，ユング心理学，来談者中心療法などを統合・折衷させながら，クライエントへの実効的な治療の視座と手法を再構成した。「健康な悩み」「神経症的悩み」「病態化のプロセス」など，クライエントの悩みのメカニズムを仔細に分析し，対人恐怖症，ひきこもり，強迫性障害，うつ病，境界性パーソナリティ障害，パニック障害などの各病理に対し，「心理教育的アプローチ」「問題解決的アプローチ」「人生全体を扱うアプローチ」といった 3-ステップで独自のセラピー手法を提示。複雑・多様化する病理に対し，既成の学派・理論の限界を感じ，膨大な経験からあらゆる病理に対応できる実践法の確立を試みたもの。「心理療法を学ぶ，あるいは実践するにあたって，プロとして，ここまでは知ってほしい内容を包括的に」まとめた1冊である。

株式会社 金剛出版
東京都文京区水道1-5-16　Eメール eigyo@kongoshuppan.co.jp　電話 03-3815-6661　FAX 03-3818-6848

7
後記

おわりに

I　国家資格化の歴史の重み

　2015年9月16日に公認心理師法が公布されるまでには，心理職の国家資格についての長い長い歴史とさまざまなお立場の方々にご尽力いただいたこと，および諸先輩の多大な努力があったことを忘れてはならない。「おわりに」を記すにあたり，まずは，今日までの経緯を概観したい。

　心理職の資格検討は，1950年からの日本応用心理学会による心理技術者としての資格の検討に始まる。日本応用心理学会は，「指導教諭（カウンセラー）設置に関する建議案」を衆・参議院に提出し，それは両院での採択をみたが，資格の実現には至らなかった。その後，諸々の動きがあったなかで，1963年に，日本応用心理学会，日本教育心理学会，日本心理学会などの17関係学会による「心理技術者資格認定機関設立準備協議会」（のちに「協議」の文字が取れた）が発足した。日本臨床心理学会は，この準備会の推進力となるべくその役割を果たし，準備会は1967年には「心理技術者資格認定委員会」となり，1969年12月から「臨床心理士」という名称の資格認定を開始する予定とした。

　ところが，1960年代末の大学紛争の激動の波は，日本臨床心理学会においては資格制度化への否定として大きな影響を及ぼした。1969年，資格への問題提起が起こり激しい紛糾が続いたことにより，心理技術者資格認定委員会は作業停止となり，結果的に「臨床心理士」資格制度は消滅した。

　紆余曲折の後，その約10年後の1982年に，日本心理臨床学会が発足した。その設立の中核的目的のひとつが，資格制度の樹立であり，設立当時は心理臨床専門家としての国家資格制度化の検討を行った。しかし，その実現には多くの課題があることから，まずは，学会主導の資格認定機関を創ることになり，関連12学会の協賛のもと，1988年に日本臨床心理士資格認定協会を設立した。1989年には，日本臨床心理士会が発足し，社会における臨床心理士の活動が活発になっていった。

　その後，国家資格化への動きは，2005年の「臨床心理士及び医療心理師法案要綱骨子」としてまとまり，国会提出準備が進められたが上程に至らなかった。落胆のなか，諸団体における意見の相違を乗り越えて新たな取り組みが始められ，心理学

日本心理臨床学会
鶴 光代
Mitsuyo Tsuru

ワールドの協同と医療団体の協力をいただき，2011年に国家資格の「要望書」を確定して，各方面への陳情を活発化させた。2013年には，国家資格実現に備え一般財団法人日本心理研修センターを設立し，2015年の公認心理師法成立に至っている。

　今，2018年には生まれるであろう「公認心理師」への期待と課題，そして今後の展望がまとめられた本誌において，国家資格創設に至った歴史の重みを分かち合い，公認心理師としての活動の礎にしていきたいものと思う。

II　今後の課題

1　チームアプローチ教育の重要性

　医療や福祉の分野でチームアプローチの重要性が謳われ，その実践は着実に進んできている。しかし，現在，臨床心理士等の養成において，専門的な知識や技術に関する教育には力が注がれているが，チーム医療や今後のチーム学校で求められるチームアプローチの力を養う教育は，まだ不十分である。チームの一員としてその領域の文化になじみ，その機関の組織体系を理解し，他の職種の特徴を把握し，被支援者の要望を軸に協働して，自身の役割を果たすという教育は，その実習プログラムを実習先機関と共有し，現場での実践を通して養っていくことが必要となる。

　チームアプローチでも，それぞれの専門性を活かして取り組むことになるが，公認心理師の心理相談というアプローチは，ほかの職種の専門家にとっても業務の一部となっている。つまり，チームで働くとき，互いが共有する業務も少なくないことを認識しながら柔軟に対応するなかで，公認心理師ならではの仕事をしていくことが重要となる。

2　汎用性資格の活かし方と領域専門性

　公認心理師の役割は専門領域に特化されていないため業務に限定はないという前提に単に立つのではなく，あらためて，心理支援業務を総合的に行える専門家としての視点が望まれる。現在も心理支援を求める人の中には，自分に適した心理援助をどこで受けられるのかが分からないために，躊躇している人が少なからずいる。

総合心理支援を専門とする公認心理師がいれば，相談しやすいという安心感をもっていただけるだろう。公認心理師がより拡く活用されていくためには，領域を超えて総合的な専門性を有する者の養成が課題となる。

　今でも，医療心理士や学校臨床心理士，臨床発達心理士といった呼び名があるように，領域における専門性が進み支援業務も分化してきている。そうした専門的分化は，今後，社会からの要請として高まるであろう。公認心理師も，将来的には，専門公認心理師を必要とするであろうから，その養成プログラムや認定・更新基準等が今後の重要な課題となる。

　公認心理師を受験する人を始め，教育や運営等に関わる全ての人が，上記の課題を含めた諸課題に関心をもち，現実的に対応しつつ，将来的展望を持って，公認心理師の誕生・発展に寄与していくことを望みたい。

一般財団法人日本心理研修センターの紹介

　本誌を監修しております一般財団法人日本心理研修センターは平成25年4月1日設立いたしました。以来，心理職の研修に携わって参りましたが，平成28年4月に公認心理師の国家試験実施機関に指定されました。今後は試験の適正な実施および公認心理師の専門研修を行って参ります。以下に当センターの評議員，理事，監事をご紹介いたします。

◉ 評議員（役職別・50音順）

安倍嘉人
[法務省中央更生保護審査会委員長]

家近早苗
[日本学校心理学会常任理事]

泉 房穂
[明石市長・弁護士・社会福祉士]

市川宏伸
[一般社団法人日本発達障害ネットワーク理事長]

大塚 晃
[上智大学総合人間科学部社会福祉学科教授]

岡野貞彦
[公益社団法人経済同友会常務理事]

笹尾 勝
[社会福祉法人全国社会福祉協議会政策企画部部長]

佐藤隆夫
[公益社団法人日本心理学会常務理事]

佐藤忠彦
[公益社団法人日本精神神経学会監事]

竹田契一
[一般財団法人特別支援教育士資格認定協会理事長]

鑪幹八郎
[広島大学・京都文教大学名誉教授]

柘植雅義
[一般社団法人日本LD学会理事長]

徳丸 享
[一般社団法人東京臨床心理士会会長]

長谷川寿一
[公益社団法人日本心理学会理事長]

槙島敏治
[一般社団法人心の絆プロジェクト理事／日本赤十字社国際保健医療アドバイザー]

◉ 役員（役職別・50音順）

[代表理事・理事長]
村瀬嘉代子
[一般社団法人日本臨床心理士会会長]

[副理事長]
織田正美
[現代QOL学会理事長]

子安増生
[一般社団法人日本心理学諸学会連合理事長]

鶴 光代
[臨床心理職国家資格推進連絡協議会会長]

[専務理事]
奥村茉莉子
[臨床心理職国家資格推進連絡協議会事務局長]

[理事]
石隈利紀
[日本学校心理士会会長]

上野一彦
[東京学芸大学名誉教授]

大野博之
[公益財団法人日本臨床心理士資格認定協会常務理事]

下山晴彦
[一般社団法人日本心理臨床学会理事]

中嶋義文
[一般社団法人日本総合病院精神医学会理事]

野島一彦
[一般社団法人日本心理臨床学会理事]

林 道彦
[公益社団法人日本精神科病院協会常務理事]

藤原勝紀
[公益財団法人日本臨床心理士資格認定協会専務理事]

松野俊夫
[全国保健・医療・福祉心理職能協会副会長]

宮脇 稔
[全国保健・医療・福祉心理職能協会会長]

[監事]
市川伸一
[公益社団法人日本心理学会代議員]

大熊保彦
[一般社団法人日本心理学諸学会連合副理事長]

❶編集委員（五十音順）............ 岩壁　茂（お茶の水女子大学）／大山泰宏（京都大学）／熊野宏昭（早稲田大学）／辻井正次（中京大学）／中嶋義文（三井記念病院）／増田健太郎（九州大学）／妙木浩之（東京国際大学）／村瀬嘉代子（大正大学）／森岡正芳（立命館大学）

❶編集同人（五十音順）　伊藤良子／乾　吉佑／氏原　寛／大塚義孝／大野博之／岡　昌之／岡田康伸／神村栄一／亀口憲治／河合俊雄／岸本寛史／北山　修／倉光　修／小谷英文／下山晴彦／進藤義夫／高良　聖／滝口俊子／武田　建／田嶌誠一／鑪幹八郎／田中康雄／田畑　治／津川律子／鶴　光代／成田善弘／成瀬悟策／長谷川啓三／馬場禮子／針塚　進／東山紘久／平木典子／弘中正美／藤岡淳子／藤原勝紀／松木邦裕／溝口純二／村山正治／山上敏子／山下一夫／山田　均／山中康裕／吉川　悟

❶査読委員（五十音順）　岩壁　茂（査読委員長）／杉浦義典（査読副委員長）／青木佐奈枝／赤木和重／石井秀宗／伊藤美奈子／川野健治／坂本真士／末木　新／能智正博／野村理朗／藤川　麗／別府　哲／松嶋秀明／村井潤一郎／森田慎一郎／安田節之／山口智子／山根隆宏／湯川進太郎

公認心理師

臨床心理学 臨時増刊号　2016年9月15日発行
定価（本体 1,800 円＋税）

発行所............（株）金剛出版
発行人............立石正信
編集人............藤井裕二

〒112-0005　東京都文京区水道 1-5-16
Tel. 03-3815-6661／Fax. 03-3818-6848　振替口座 00120-6-34848
e-mail　rinshin@kongoshuppan.co.jp（編集）
eigyo@kongoshuppan.co.jp（営業）
URL　http://www.kongoshuppan.co.jp/

装丁…山田知子［chichols］　本文組版…石倉康次
印刷・製本…シナノ印刷

北大路書房

〒603-8303　京都市北区紫野十二坊町12-8
☎ 075-431-0361　FAX 075-431-9393
http://www.kitaohji.com
振替 01050-4-2083

からだの病気のこころのケア
―チーム医療に活かす心理職の専門性―　鈴木伸一編著　A5・336頁・本体3000円＋税　病気や治療によってもたらされる「こころ」の問題に挑む。身体医療との連携の視点から，チーム医療における「こころのケア」のあり方を問う。がん，心臓疾患，糖尿病，脳損傷など，患者のメンタルケアの道しるべとなるように，テーマを細分化し網羅的に実践を紹介。

精神病と統合失調症の新しい理解
―地域ケアとリカバリーを支える心理学―　英国心理学会・臨床心理学部門監修　A.クック編　国重浩一・バーナード紫訳　A5・224頁・本体3200円＋税　最新の研究や当事者の体験談を豊富に引用し，精神疾患の心理的・社会的な側面に光を当てる。生活上の影響を踏まえた支援のあり方を探り，多元的・複眼的視点からメンタルヘルスの制度改革を説く。

音楽と脳科学
―音楽の脳内過程の理解をめざして―　S.ケルシュ著　佐藤正之編訳　A5上製・344頁・本体5000円＋税　なぜ音楽は私たちを魅了するのであろうか。この問いに対し，言語の獲得同様，生来備わる学習能力を基盤として形成されていく認知過程，またそれを支える神経基盤を中心にそのメカニズムについて詳説する。最新の脳機能測定技術による知見を踏まえ，包括的レビューを提示。

感性認知
―アイステーシスの心理学―　三浦佳世編著　A5・228頁・本体3400円＋税　感性のさまざまな現れを，知覚心理学あるいは認知心理学の立場から，実証的データに基づき検討。感性とは何かについても考察。日常生活においてなじみ深い事象や人間の生活を豊かにしてくれる感性表現を通して，人間の知覚や評価の基盤を探る。

キャリアコンサルタントのための カウンセリング入門
杉原保史著　四六・216頁・本体1800円＋税　キャリアカウンセリングの現場で直面する苦労と悩みに平易に語りかける。第1部では，相談をより深め有意義にするための基本的見方や考え方，ちょっとしたヒントやコツをエピソードで紹介。第2部では，実践に役立つ代表的な心理カウンセリングの理論と技法を，エッセンスにしぼって概説する。

暮らしの中のカウンセリング入門
―心の問題を理解するための最初歩―　神戸松蔭女子学院大学人間科学部心理学科編　四六・252頁・本体2200円＋税　臨床心理士養成の教員たちが，それぞれの専門的立場からカウンセリングのポイントをやさしく解説。抑うつや不登校，摂食障害など心の悩みを解決するヒントも紹介。心理学への扉を開き，カウンセリングを身近に感じられる「最初歩」。

パーソナル・コンストラクトの心理学[第1巻]
―理論とパーソナリティー　G.A.ケリー著　辻平治郎訳　A5・500頁・本体6800円＋税　認知療法，論理療法，認知行動療法のほか，パーソナリティ心理学，アドラー派心理学，人間性心理学，ナラティヴ心理学などに強い影響を与えたケリー。哲学的・科学的に深遠な基盤に支えられた幅広いパースペクティブが展開される彼の理論を初邦訳。

研究論文を読み解くための多変量解析入門 基礎編
―重回帰分析からメタ分析まで―　L.G.グリム・P.R.ヤーノルド編　小杉考司監訳　A5・356頁・本体3600円＋税　統計の初心者が高度な分析法を用いた研究論文を読み解くことができるように，概念的側面に特化して多変量解析を解説。できる限り数式を用いず，パス解析・多次元尺度構成法・多変量分散分析・判別分析などを取り上げる。

改訂エンサイクロペディア 心理学研究方法論
W.J.レイ著　岡田圭二編訳　本体5000円＋税

心理学基礎実習マニュアル
宮谷真人・坂田省吾代表編集　本体2800円＋税

心理学教育のための傑作工夫集
L.T.ベンジャミン・ジュニア編／中澤 潤他監訳　本体2800円＋税

わかって楽しい心理統計法入門 Ver.2
松田文子・三宅幹子・橋本優花里著　本体2500円＋税

増補改訂 SPSSのススメ1
竹原卓真著　本体3200円＋税

改訂新版 初めての心理学英語論文
D.シュワーブ・B.シュワーブ・高橋雅治著　本体1900円＋税

現代の認知心理学1　知覚と感性
日本認知心理学会監修／三浦佳世編　本体3600円＋税

現代の認知心理学2　記憶と日常
日本認知心理学会監修／太田信夫・厳島行雄編　本体3600円＋税

現代の認知心理学3　思考と言語
日本認知心理学会監修／楠見 孝編　本体3600円＋税

注目の新刊

心理検査を支援に繋ぐフィードバック

事例でわかる心理検査の伝え方・活かし方 [第2集]

竹内健児 [編]

A5判｜並製｜242頁｜定価 [本体 3,400円+税]

検査を通して個性的な受検者像を捉えクライエント／チームと結果を伝達＋共有する

心理検査は，クライエントとの臨床の始まりのこともあれば，関係の途中のエピソードのこともあり，そのクライエントとは検査だけのかかわりとなることもある。チームワークで進行する現代の多忙な臨床現場では，ともすると検査結果のクライエントへの伝達は形式的なものとなりやすい。日々行われる検査の時間をクライエントのこれからに寄与するものとするためには，臨床家は検査を通して個性的な受検者像を捉え，単なる結果の伝達を超えた共有をクライエント／臨床チーム双方と行えなければならない。

本書は多様な現場と経緯において心理検査を受検したクライエントに，「客観的かつ支持的な」検査結果の共有を試みた現場の臨床家の8つの事例を収載する。各事例にはベテラン臨床家が検討を加え，それぞれの事例にさらなる厚みをもたらしている。2009年刊行の第1集と同様，受検者へのフィードバックとスタッフへの報告のやり取りを逐語で収録，報告書式を示した。

株式会社 金剛出版

東京都文京区水道1-5-16　Eメール eigyo@kongoshuppan.co.jp　電話 03-3815-6661　FAX 03-3818-6848